はじめに

中高生のみなさんへ

　「コミュニケーション」とは、情報や気持ちを伝え合い、共有することです。わたしたちは生活のなかで、言葉での会話や文字のやりとりに限らず、表情や身ぶりなどさまざまな手段で情報や気持ちを伝えたり受け取ったりしています。友だちの笑顔に「大丈夫だよ」というメッセージを受け取って安心したり、友だちの表情がさびしそうに見えて心配したりと、みなさんの毎日もそんなささやかなコミュニケーションにあふれているのではないでしょうか。

　この本は、わたしたちが出会ってきた多くの中高生たちが、日々のコミュニケーションのなかで「難しい」と感じがちなことを20のスキルにまとめ、その対策（コツ）を学んだり、練習したりしながら「自分に合う方法」を考えるためのワークです。コミュニケーションの「上手い」「下手」ではなく、「どう伝えたか（伝わったか）」「どう受け取ったか（受け取られたか）」に注目して取り組んでください。さまざまなコミュニケーションを楽しみながら、自分に合う方法を見つけていきましょう。

先生・保護者の方へ

　「多様性」という言葉とともに、さまざまな個性・特性をもつ子ども、得意・苦手の差が大きい子どもについての理解が進み、2018年度より高等学校においても通級指導が制度化されるなど学校における支援も広がってきました。

　一方で、私たちが学習塾「さくらんぼ教室」で30年以上にわたり関わってきたたくさんの子どもたち、また東京都教育委員会など公的機関とともに支援してきた中高生のなかには、学校という集団生活が「楽しくない」「うまくいっていない」と感じている生徒がたくさんいます。そんな生徒たちの多くが「苦手」と感じているのが「コミュニケーション」です。その背景には「話す」「聞く」「人づき合い」の苦手さも重なり合っており、学校生活のなかで「授業中に発言・発表ができない」「昼休みや放課後に友だちと過ごしていない」生徒が多いことがわかりました（Grow-S「支援を必要とする高校生が感じている困り感」アンケート調査、2022年）。

　先生・保護者の方に知っていただきたいのが、「コミュニケーションが苦手」な生徒の多くが「話しかけてほしい」と思っていることです。彼らは「人と関わりたくない」のではなく、「話したい」という気持ちがあるのに、自分から話しかけることや、話題や言葉を選ぶこと、話しかけるタイミングを見計らったりすることが苦手なのです。そんな生徒たちに、学校の教科としては教えないコミュニケーションのコツを学んで自分に合う方法を見つけてほしい、そんな思いからこの本が生まれました。著者の濱野智恵や多くのスタッフが、さくらんぼ教室や公教育の現場で多くの中高生たちと取り組んできたワークがベースになっています。

　先生や保護者の方には、子どもたちの「話したい」気持ちに気づいていただき、答えやすいこと、本人の好きなことから、たくさん話しかけてあげていただきたいと思います。

　本書が、生徒のみなさんの気づき、その先の行動と自信につながることを願っています。

2022年9月　伊庭葉子

本書の使い方（コミュニケーション編）

学習の順序

① 「コミュニケーションチェック」で得意・苦手を知ろう！

最初に「コミュニケーションチェック」（p.5）で生徒一人ひとりの「言葉の力・知識」「話す」「聞く」「会話」「人との関わり」の状況を知ることから始めます。その結果（p.10）をもとに、「どんなことができるようになるとよいか」を一緒に話し合ってみてください。「苦手なこと」だけに注目するのではなく「得意なこと」「できていること」にも注目し、生徒が自分の個性を前向きにとらえて学習に取り組めるようにします。

② 「20のスキル」を学んで練習しよう！

→ 　解説（1ページ）　＋　ワークシート（ステップ1〜3の3ページ）

スキル1から順に取り組む、または生徒の「話す」「聞く」「会話」「人との関わり」の状況に合うスキルを選んで取り組む、いずれでもよいでしょう。スキルごとに「解説」→「ワークシート（ステップ1〜3）」の順で進めていきます。

解説

各スキルの目的と解説です。生徒は学習の前に「いま」の自分をふり返ってチェックします。あわせて先生や保護者の方向け「指導・支援のポイント」を紹介しています。

ワークシート（ステップ1〜3）

各スキルを3つのステップで学ぶワークシートです。各ステップの「ポイント」と、生徒が考え話したり、話し合ったりしながら取り組む3つのワークで構成しています。

解説

スキル
1
基礎
はじめの一歩！
返事とあいさつから始めよう

あなたは家族や友だちに呼ばれたら返事をしていますか？
またいつも自分からあいさつをしていますか？
明るく元気な「返事」と「あいさつ」は、
気持ちのよいコミュニケーションの第一歩です。いつも会っている
家族や親しい友だちだからこそ、声に出して伝えてみましょう。

✓ 「いま」をチェック！
- 家族に呼ばれたら返事をしている
- 家族に自分からあいさつをしている
- 友だちや先生に呼ばれたら返事をしている
- 友だちや先生に自分からあいさつをしている

あいさつって
何 cm の距離にきたら
すればいいのか、
決まっているんです
か？

ステップの流れ

ステップ1	元気に返事をする
ステップ2	自分からあいさつをする
ステップ3	あいさつ＋「一言」で会話を始める

先生・保護者の方へ　指導・支援のポイント

返事やあいさつができていないことを注意されがちですが、本人にしてみればとっさに声が出ないや、相手とどのくらいの距離になったらあいさつをすればいいのかタイミングを考えすぎてしまう場合もあります。また、中学生や高校生になれば、少し気恥ずかしくて自分から言いにくいこともあるかもしれません。あいさつは目の前の人の存在を認め、会話を始める第一歩です。まず周囲の大人の方からあいさつしてあげてください。そしてあいさつから何気ないコミュニケーションのきっかけを作ってあげてください。

元気にできないと」(-""-)
……」。(╹ _ ╹)
朝ごはん食べてきた？
を買ったよ」
先生は、コンビニですか？
べてきましたよ」(*^o^*)

スキルのテーマ
コミュニケーションに関する20のスキルを紹介します。

スキルの目的・解説
生徒の理解度に合わせて説明を加えてください。

「いま」の自分をチェック！
スキルに関連することが「いま」の生活のなかでどのくらいできているかチェックします。

ステップの流れ
次のページから取り組むワークです。

先生・保護者の方へ　指導・支援のポイント
生徒への指導・支援のポイントです。声かけの例を参考に、生徒が前向きな気持ちで取り組めるような声かけをお願いします。

ワークシート
（ステップ1〜3）

ステップ
3
ポイント

ステップ
2
ポイント

ステップ
1
元気に返事をする

ポイント
返事が第一印象を決める

家族や先生から名前を呼ばれたら、声に出して返事をしましょう。「はい！」という返事1つから、その人らしさが伝わりますよ。

●あなたの返事は誰に近い？

はいっ！

なおとさん

ワーク1　さくらさん、あおいさんと同じよう

さくらさん、問1の答え

はい。問1は、Aです！

あおいさんは、どうですか？

はい。わたし

ワーク2
先生や家族に名前を呼んでもらい、元気に返事をし
★次のような言い方も練習しよう。
- 「はい、ここにいます」
- 「はい、わかりました」

ワーク3　わかったこと・気づいたこと

小学校のときから
元気な返事を
ほめられています。

ワーク2
ワーク1の応用や、実際の生活の場面を考えながら話す練習です。インタビュー形式にするなど、生徒からたくさん言葉を引き出しながら楽しくやり取りをしてください。「○○したらもっといいね」のようにアドバイスもお願いします。

ワーク3
気づきやふり返りを通して、「この言い方はよかったね」「こんな言い方にしてみては？」など日常生活に活かせるような、具体的なアドバイスをお願いします。

ポイント
ステップのポイントです。生徒に読んでもらってもよいでしょう。

ワーク1
実際に声に出して言ってみたり話したりします。恥ずかしがらずに楽しくできるよう、先にお手本を示してあげるとよいでしょう。

一緒に学ぶ5人の友だちの声です。「どうしてそう思うのか」その理由を考え、生徒が自分以外の個性をもつ人の存在に気づくきっかけにしてほしいと思います。

一緒に学ぶ　友だち紹介

これからみなさんと一緒に学ぶ、5人の友だちを紹介します！
それぞれの個性に注目して一緒に学んだり考えたりしていきましょう。

なおと

勉強が得意で、知識が豊富。まじめで正義感が強い。鉄道が大好き。

げんき

体を動かすことと、人を楽しませることが大好き。優しい性格だが、イライラすると怒り出してしまうことも……。

あおい

引っ込み思案で恥ずかしがり。うっかり忘れものをすることが多い。アニメが大好き。

まなぶ

読み書きが苦手で、勉強に自信がもてない。心配事があると学校を休んでしまうこともある。料理が得意。

さくら

まじめで友だちからの信頼も厚いクラス委員。心のなかでは、個性豊かに自分らしく生きる友だちにあこがれている。

※同シリーズの『中高生のためのSSTワーク　学校生活編』にも同じ友だちが登場します。

SST（ソーシャルスキルトレーニング）とは

社会生活のなかで必要なスキルを学んだり練習したりすること。この本ではコミュニケーションに関する20のスキルを扱っています。

コミュニケーションチェック

まずはあなた自身のコミュニケーションを「①言葉の力・知識」「②話す」「③聞く」「④会話」「⑤人との関わり」の５つから見直し、「できていること」「これから学んでいきたいこと」を見つけましょう。今うまくいっていないことがあったとしても、練習やくふうで変えていくことができますよ。

① 言葉の力・知識

次の項目について、当てはまるものに○をつけましょう。10問チェックしたら合計点を計算しましょう。

		a（4点）	b（3点）	c（2点）	d（0点）
1	本を読む	月に1～2冊以上	2～3か月に1冊以上	半年に1冊	まったく読まない
2	ニュースを見たり、新聞を読んだりする（スマホやタブレットも含む）	毎日	1週間に2～3回程度	1週間に1回程度	まったくない
3	作文を書くこと	とても得意	得意	やや苦手	苦手
4	手紙を書いて気持ちを伝えること	とても得意	得意	やや苦手	苦手
5	10秒で、好きな食べ物を、なるべくたくさん言う（例：ラーメン、カレー）	6個以上言えた	4～5個言えた	2～3個言えた	1個言えた／言えなかった
6	20秒で、二字熟語を、なるべくたくさん言う（例：「言葉」「時計」）	10個以上言えた	7～9個言えた	4～6個言えた	3個以下／言えなかった
7	20秒で、「動詞（動作を表す言葉）」を、なるべくたくさん言う（例：話す、歩く）	10個以上言えた	7～9個言えた	4～6個言えた	3個以下／言えなかった
8	20秒で、「形容詞（様子を表す言葉）」を、なるべくたくさん言う（例：大きい、やさしい）	10個以上言えた	7～9個言えた	4～6個言えた	3個以下／言えなかった
9	20秒で、気持ちを表す言葉を、なるべくたくさん言う（例：うれしい、くやしい）	10個以上言えた	7～9個言えた	4～6個言えた	3個以下／言えなかった
10	20秒でことわざをなるべくたくさん言う（例：石の上にも三年）	5個以上言えた	3～4個言えた	1～2個言えた	言えなかった
		○の数 ×4	○の数 ×3	○の数 ×2	○の数 ×0
		点 ＋	点 ＋	点 ＝	計 点

Ⅱ 話す

次の項目について、当てはまるものに○をつけましょう。10問チェックしたら合計点を計算しましょう。

		a（4点）	b（3点）	c（2点）	d（0点）
1	話すことが得意だ	とても得意	得意	やや苦手	苦手
2	授業中に発言をする	よくする	する	あまりしない	まったくしない
3	レストランなどで注文を伝える	自信をもって伝えられる	だいたい伝えられる	伝えられるが苦手	伝えられない
4	大勢の人の前で発表する	とても得意	得意	やや苦手	苦手
5	場面に応じた声の大きさで話す	とても得意	得意	やや苦手	苦手
6	目で見たことを伝える⇒今いる部屋の様子を説明してみよう	様子をくわしく伝えられた	だいたい伝えられた	うまく伝えられなかった	伝え方がわからなかった
7	順序立てて話す⇒今日の出来事を話してみよう	順序立てて伝えられた	だいたい伝えられた	うまく伝えられなかった	伝え方がわからなかった
8	自分の気持ちや感情を言葉で伝える⇒今の気持ちを伝えてみよう	言葉で伝えられた	だいたい伝えられた	うまく伝えられなかった	伝え方がわからなかった
9	身ぶり・手ぶりを入れて話す	よくする	する	あまりしない	まったくしない
10	表情豊かに話す	とても得意	得意	やや苦手	苦手
		○の数 ×4	○の数 ×3	○の数 ×2	○の数 ×0
		＋　点	＋　点	＝　点	計　点

Ⅲ 聞く

次の項目について、当てはまるものに○をつけましょう。10問チェックしたら合計点を計算しましょう。

		a（4点）	b（3点）	c（2点）	d（0点）
1	話している人のほうを見て聞く	必ず見ている	だいたい見ている	あまり見ていない	まったく見ていない
2	授業中集中して先生の話を聞く	集中して聞いている	だいたい集中している	あまり集中していない	まったく集中していない
3	授業を聞いて内容を理解する	聞いて理解できている	だいたい理解できている	あまり理解できていない	まったく理解できていない
4	先生の連絡を正確に聞き取る	正確に聞き取れている	だいたい聞き取れている	あまり聞き取れていない	まったく聞き取れていない
5	電話で用件を聞き取る	正確に聞き取れている	だいたい聞き取れている	あまり聞き取れていない	まったく聞き取れていない
6	聞いたことを覚えている	正確に覚えている	だいたい覚えている	あまり覚えていない	ほとんど覚えていない
7	人の話はうなずきながら聞く	よくしている	だいたいしている	あまりしていない	まったくしていない
8	相手の話にリアクションをする（相づちをうつなど）	よくしている	だいたいしている	あまりしていない	まったくしていない
9	ざわついている場所で話を聞き取る	正確に聞き取れている	だいたい聞き取れている	あまり聞き取れていない	まったく聞き取れていない
10	特に苦手な音（聴覚の過敏さ）がある	ない	ほとんどない	ややある	とてもある
		○の数 ×4	○の数 ×3	○の数 ×2	○の数 ×0
		+ 点	+ 点	= 点	計 点

Ⅳ 会話

次の項目について、当てはまるものに○をつけましょう。10問チェックしたら合計点を計算しましょう。

		a（4点）	b（3点）	c（2点）	d（0点）
1	家族とあいさつや会話をする	よく している	している	あまり していない	まったく していない
2	自分から友だちにあいさつをする	必ず している	だいたい している	あまり していない	まったく していない
3	自分から友だちに話しかける	よく話しかけて いる	話しかけている	あまり話しかけて いない	まったく 話しかけていない
4	初対面の人と会話をする	会話ができる	だいたい できる	あまり できない	まったく 話せない
5	質問されたことに答える	正確に 答えられる	だいたい 答えられる	あまり答えられて いない	まったく 答えられない
6	わからないことを質問する	自分から 質問できる	だいたい できる	あまりできて いない	まったくできない
7	友だちとの会話を（途切れさせずに）続ける	続けられる	だいたい 続けられる	あまり 続けられない	途切れてしまう
8	自分から話題を提供する	よく している	だいたい している	あまり していない	まったく していない
9	グループでの会話を盛り上げる	盛り上げる ことができる	相手によっては 盛り上げられる	あまり盛り上げ役 ではない	まったくしていない／どうしていい かわからない
10	相手の気持ち・立場に合わせて会話をする	よく している	だいたい している	あまり していない	まったく していない
		○の数	○の数	○の数	○の数
		×4	×3	×2	×0
		⊕ 点	⊕ 点	⊜ 点	計 点

Ⅴ 人との関わり

次の項目について、当てはまるものに○をつけましょう。10問チェックしたら合計点を計算しましょう。

		a（4点）	b（3点）	c（2点）	d（0点）
1	友だちとの過ごし方	いつも楽しく過ごしている	だいたい楽しく過ごしている	あまり楽しく過ごしていない	まったく楽しく過ごしていない
2	親しい友だちがいる	4〜5人いる	2〜3人いる	あまりいない	まったくいない
3	数人のグループで行動する	よく行動している	だいたい行動している	あまり行動していない	まったくしていない
4	その場の空気（雰囲気）を感じ取る	とても得意	得意	やや苦手	苦手
5	悩み事を相談する	自分から相談できる	たまに相談する	あまり相談できていない	まったく相談しない
6	一人でできないことについて誰かを頼る	自分から頼れる	たまに頼っている	あまり頼れない	まったく頼っていない
7	他人に流されず自分の意見を主張する	よくできる	だいたいできている	あまりできていない	まったくできていない
8	よくないこと・自分が嫌だと感じる誘いを断る	よくできる	だいたいできている	あまりできていない	まったくできていない
9	困っている人を助ける	よくしている	だいたいしている	あまりしていない	まったくしていない
10	他人の気持ちを理解し共感する	よくできる	だいたいできている	あまりできていない	まったくできていない
		○の数	○の数	○の数	○の数
		×4	×3	×2	×0
		＋ 点	＋ 点	＝ 点	計 点

「得意・苦手」を知ろう

「コミュニケーションチェック」①〜Ⅴそれぞれの点数を、下のグラフに書き込んで線で結んでみましょう。 あなたの「得意・苦手」が一目でわかるようなグラフにして、自己理解を深めましょう！ 結果をこれからの学びに生かしてみてくださいね。

● 「コミュニケーションチェック」結果グラフ

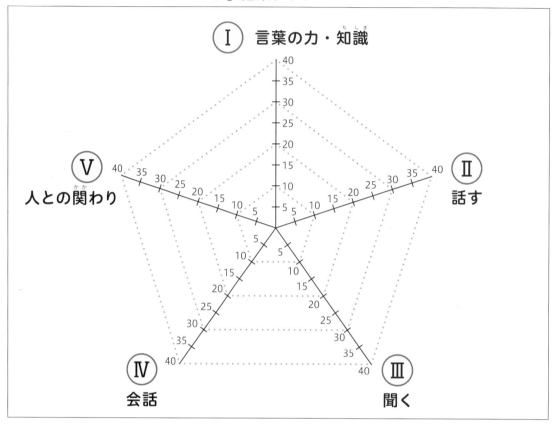

40点〜30点／自分に合ったやり方を見つけて実践できています！ この調子で！

29点〜20点／あと少しのくふうでコミュニケーションがもっと楽しくなりそう！

19点〜10点／うまくいっていないことは相談し、自分に合った方法を見つけよう。

9点 〜 0点／苦手があっても大丈夫！ サポートを活用し、身近な人と一緒に楽しくコミュニケーションを学んでみよう。

●あなたがコミュニケーションでできていること、がんばっていることはどんなこと？

●今はまだできていないこと、くふうが必要なことは、どんなこと？

●先生や家の人から応援メッセージ

自分に合ったコミュニケーションを知ろう

「コミュニケーションチェック」の点数をもとに、関わり方のアドバイスを読み、コミュニケーションを自分らしく楽しむためのヒントにしてみましょう！

I〜Vのグラフの点数は？

得意 40点 ← 20点 → 苦手 0点

項目	得意な人へのアドバイス	苦手な人へのアドバイス	関連スキル
I 言葉の力・知識	コミュニケーションの基本となる、言葉の力が身についています。これからも会話や読書のなかから、新しい知識を積極的に学んでいきましょう！	コミュニケーションに大切な「言葉」を増やしていきましょう。たくさん話したり、本や新聞を読んだりするといいですよ。知らない言葉が出てきたら、調べてみましょう！	（スキル1〜20） ※すべてのスキルを通して身につきます。
II 話す	自分に合う方法で伝えることができています！ これからも自信をもってたくさんの人と話してみましょう。	話し方（伝え方）を見直してみませんか？ 関連するスキルを学んで練習すると、自信をつけて話すことができるようになりますよ！	スキル2〜7
III 聞く	話をよく聞いて、話の内容に合わせたリアクションができています！ この調子で「聞き上手」を目指しましょう。	聞き方で悩んでいることはありませんか？ どのような場面で悩んでいるかをふり返り、スキルを一緒に学んでいきましょう。	スキル8〜10
IV 会話	会話を楽しむことができています！ これからも楽しく話せるように、話題を増やしていきましょう！	会話に自信がなく、消極的になっていませんか？ 声のかけ方や話題の選び方などを一緒に練習していきましょう！	スキル11〜13
V 人との関わり	まわりの人とよい関係で関わることができています。これからも自分も相手も大切にした関わりができるといいですね。	人との関わりで難しいと感じる場面があれば、先生や身近な人に相談してみましょう。自分に合った関わり方を見つけていきましょう。	スキル14〜19

これから一緒に学ぶ、5人の「コミュニケーションチェック」の結果を見てみましょう。あなたの結果にグラフの形が似ている人はいますか？

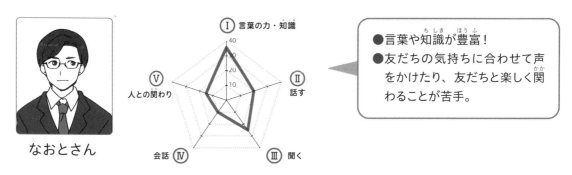

なおとさん

●言葉や知識が豊富！
●友だちの気持ちに合わせて声をかけたり、友だちと楽しく関わることが苦手。

●先生・保護者の方向け 会話が苦手な生徒 への指導・支援のポイント

会話は「話すこと」と「聞くこと」の両方から成り立っていることを伝え、「うなずき」や「リアクション」も会話に入るコツであることを伝えます。会話の輪に入ることができたら、自分の話をするだけでなく、相手に興味をもって「質問」ができるように練習します。

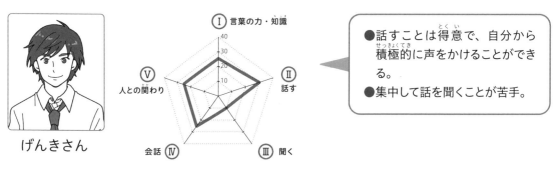

げんきさん

●話すことは得意で、自分から積極的に声をかけることができる。
●集中して話を聞くことが苦手。

●先生・保護者の方向け 聞くことが苦手な生徒 への指導・支援のポイント

まずは「聞く姿勢」と「周囲の環境」を確認して、集中して聞き取りやすい状況を作りましょう。「メモを取る」「大事なことはゆっくり話してもらう」など自分に合った聞き方が見つけられるように支援します。

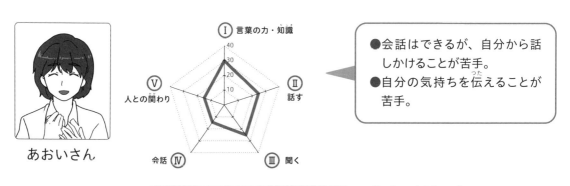

あおいさん

●会話はできるが、自分から話しかけることが苦手。
●自分の気持ちを伝えることが苦手。

●先生・保護者の方向け 気持ちを伝えることが苦手な生徒 への指導・支援のポイント

「どんな気持ち？」を言葉にできるよう、日ごろから日記などで気持ちを言葉にすることをすすめてみましょう。会話練習の際には、指導者も自己開示をしながら、安心して気持ちを伝えやすい環境を作りましょう。

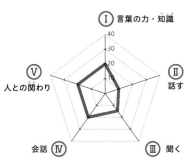

まなぶさん

●自分の考えを伝えることが苦手。
●順序立てて説明したり、人前で発表したりすることが苦手。

●先生・保護者の方向け　話すことに苦手さがある生徒　への指導・支援のポイント

考えていることや言いたいことがあっても、話すことが苦手で伝えられない場合があります。発表の前には考えや意見を整理してメモ（台本）を一緒に作ることも効果的です。「話すことが楽しい」と感じられるよう、「自分の好きなもの」など話しやすいテーマから会話の機会を設けるのもよいでしょう。

さくらさん

●友だちと楽しく会話をすることができている。
●相手に合わせ過ぎてしまい、自分の考えを伝えることが苦手。

●先生・保護者の方向け　相手に合わせ過ぎてしまう生徒　への指導・支援のポイント

コミュニケーションではどちらかが無理をするのではなく、自分の意見も相手の意見も大切にすることがよりよい関係を築くコツであることを伝えます。司会などにチャレンジする機会を設けて、違う視点からのコミュニケーションを体験するのもよいでしょう。日ごろから声をかけ、人との関わりで困ったときには相談してほしいことも伝えます。

5人の結果を見て、考えてみよう

●あなたに一番似ているのは誰？　その理由は？

	理由：
さん	

●あなたと一番仲よくなれそうなのは誰？　その理由は？

	理由：
さん	

目次

はじめの一歩！
返事とあいさつから始めよう

あなたは家族や友だちに呼ばれたら返事をしていますか？
またいつも自分からあいさつをしていますか？
明るく元気な「返事」と「あいさつ」は、
気持ちのよいコミュニケーションの第一歩です。いつも会っている
家族や親しい友だちだからこそ、声に出して伝えてみましょう。

 「いま」をチェック！

- ☐ 家族に呼ばれたら返事をしている
- ☐ 家族に自分からあいさつをしている
- ☐ 友だちや先生に呼ばれたら返事をしている
- ☐ 友だちや先生に自分からあいさつをしている

あいさつって
何 cm の距離にきたら
すればいいのか、
決まっているんですか？

ステップの流れ

ステップ 1	元気に返事をする
ステップ 2	自分からあいさつをする
ステップ 3	あいさつ＋「一言」で会話を始める

先生・保護者の方へ　指導・支援のポイント

　返事やあいさつができていないことを注意されがちですが、本人にしてみればとっさに声が出ないことや、相手とどのくらいの距離になったらあいさつをすればいいのかタイミングを考えすぎてしまう場合もあります。また、中学生や高校生になれば、少し気恥ずかしくて自分から言いにくいこともあるかもしれません。あいさつは目の前の人の存在を認め、会話を始める第一歩です。まず周囲の大人の方からあいさつをしてあげてください。そしてあいさつから何気ないコミュニケーションのきっかけを作ってあげてください。

声かけの例

△　先生「あいさつくらいちゃんと元気にできないと」(-""-)
　　生徒「……おはようございます……。」(´ ､ `)

○　先生「おはよう！　今日は朝ごはん食べてきた？
　　　　　先生はコンビニでおにぎりを買ったよ」
　　生徒「おはようございます。先生は、コンビニですか？
　　　　　ぼくは家でパンを食べてきましたよ」(*^^*)

年　　月　　日

ステップ 1

元気に返事をする

ポイント

返事が第一印象を決める

家族や先生から名前を呼ばれたら、声に出して返事をしましょう。「はい！」という返事1つから、その人らしさが伝わりますよ。

●あなたの返事は誰に近い？

はいっ！　なおとさん

は〜いっ！

はっはい…。　まなぶさん

げんきさん

ワーク1　さくらさん、あおいさんと同じように、答えてみよう。

先生

さくらさん、問1の答えを言ってください。

はい。問1は、Aです！

さくらさん

あおいさんは、どうですか？

はい。わたしもAでいいと思います！

あおいさん

ワーク2

先生や家族に名前を呼んでもらい、元気に返事をしてみよう。

★次のような言い方も練習しよう。
　□「はい、ここにいます」　　□「はい、わかりました」

ワーク3　わかったこと・気づいたこと

小学校のときから
元気な返事を
ほめられています。

年　　　月　　　日

ステップ2　自分からあいさつをする

ポイント

あいさつはコミュニケーションの第一歩

「おはよう！」「また明日」……友だちや先生に会ったら、名前を呼んで自分からあいさつをしましょう。「行ってきます」「ただいま」など、家族にも自分からあいさつをしましょう。

ワーク1　なおとさんと同じように言ってみよう。

なおとさん

（笑顔で）
さくらさん、おはようございます！

あ、なおとさん、おはよう！

さくらさん

なおとさん

先生、おはようございます！
（頭を下げる）

なおとさん、おはようございます！

先生

★あいさつを考えよう。

あなた

（下校するとき、隣の席の友だちに……）

....

ワーク2

先生に自分から帰りのあいさつをしてみよう。

★次のあいさつも練習しよう。

□「行ってきます」　　□「いただきます」　　□「どうもありがとう」　　□「ごめんなさい」

ワーク3　わかったこと・気づいたこと

....

あいさつが返ってきたら
うれしいよね！

ステップ3　あいさつ＋「一言」で会話を始める

ポイント

あいさつから会話は始まる

「おはよう」などのあいさつに、「宿題やってきた？（質問）」「今日は雨だね！（天気のこと）」「今日の髪型いいね（ほめ言葉）」など、何か一言付け加えることから会話が始まりますよ。

ワーク1

あおいさんと同じようにあいさつをして話しかけてみよう。

あおいさん

> さくらさん、おはよう！
> 明日から期末テストだね！

> あおいさん、おはよう！　勉強してる？

さくらさん

★友だちへの朝のあいさつ＋「一言」を考えて伝えてみよう。

😊 おはよう！＋（今日の天気について）
あなた

....

😊 おはよう！＋（自由に考えてみよう）
あなた

....

ワーク2

先生や友だちに　あいさつ＋一言を伝えてみよう。

★次の言い方も練習しよう。
　　□「おつかれさま、今日もがんばったね」　　□「さようなら、また今度ゆっくり話そうね！」

ワーク3　わかったこと・気づいたこと

....

> あいさつに続けて
> 会話を始めたら
> いいんだね？

好感度UP！
表情や姿勢を意識する

「目は口ほどにものを言う」……まなざしは言葉と同じくらい気持ちを伝えるものだ、という意味です。あなたがいくら友だちと話をしたいと思っていても、緊張した固い表情のままだと、他の人からは「話しかけてほしくないのかな」と見られてしまいます。「明るくにこやかな表情」で、「話しかけてOK」のサインを送りましょう！

 「いま」をチェック！

- ☐ 鏡で自分の表情をチェックしている
- ☐ いつもにこやかにしている
- ☐ 相手の顔を見て話している
- ☐ 身ぶり手ぶりをつけて話すほうだ

> しっかり話そうとがんばっているだけなのに、「怒っているの？」と言われることがあります……。

ステップの流れ

ステップ1	明るい表情を心がける
ステップ2	相手を見て話す
ステップ3	身ぶり・手ぶりで伝える

先生・保護者の方へ 指導・支援のポイント

　大人でも話すこと、伝えることに一生懸命になると自分の「表情」に気づきにくいものです。いつも怒っているように見えてしまったり、気持ちを表情に表すことや身ぶり手ぶりをつけて話すことが「自然に」にはいかず、むしろちぐはぐになってしまう生徒もいます。コミュニケーションとは、「言葉」だけでなく表情や身ぶり手ぶりなど、身体を使ってメッセージを伝えるものだということに少しずつ気づけるように支援しましょう。

声かけの例

△ 先生「もっと明るい表情で話したほうがいいよ」 (-“”-)
　 生徒「明るい表情って、どうやってするんですか？」(-“”-)

○ [先生「先生の口元をよく見てまねしてごらん」(*^-^*)
　 [生徒「こうですか？（→にっこり）」(*^-^*)

年　　　月　　　日

ステップ1 明るい表情を心がける

ポイント

「笑顔（えがお）」は、コミュニケーションの強い味方！

人と話をするときは、口角を上げてにっこりとした顔（かお）を作ってみましょう。言葉で伝（つた）えなくても、「仲（なか）よくなりたい」気持ちが伝（つた）わりますよ。

ワーク1

① 鏡を見て、自分の笑顔（えがお）を確認（かくにん）しよっ。

☑ やさしい目元

☑ にこやかな表情で話そう

☑ 口角（口の両端（りょうはし））を上げて笑顔（えがお）！

★笑顔（えがお）が苦手な人は「イー」と言いながら口角を上げてみよう！

② 明るい表情（ひょうじょう）（笑顔（えがお））で、あおいさんと同じように言ってみよう。

あおいさん

> アニメ研究会のあおいです。新入部員、募集中（ぼしゅうちゅう）です！

> まなぶさんの好きなアニメを教えてください。

ワーク2

明るい表情（ひょうじょう）（笑顔（えがお））を意識（いしき）しながら、あなたの好（す）きな食べ物を紹介（しょうかい）してみよう。

★次のことも話してみよう。

　□ 部活のこと　　□ ペットのこと　　□ よく見るテレビ番組のこと

ワーク3　わかったこと・気づいたこと

好（す）きなものについて話すときは、自然（しぜん）と笑顔（えがお）になってるよね♪

ステップ2 相手を見て話す

ポイント

目も体も、相手のほうに向ける

話すときに下を見たり、体が別のほうを向いたりしていませんか？　「顔を上げる」「相手に体を向ける」などして「あなたと話したい」という気持ちを表しましょう。

ワーク1　話すときの目線や態度などを友だちや家族にチェックしてもらおう。

- ☐ 顔を上げて、相手の顔を見て話しているか
- ☐ 相手のほうに体を向けて話しているか
- ☐ 手や足を組んでいないか

★げんきさんはまなぶさんと話すときどんなことに注意したらよいかな？

昨日、部活でさ～

げんきさん

（聞き手）
ぼくに話しかけているのかな？

げんきさんへ話し方のアドバイス

ワーク2

目線や姿勢を意識して先生や友だちに「昨日の出来事」について話をしてみよう。

★次のことも話してみよう。
- ☐ 明日の予定について
- ☐ 得意な教科について

ワーク3　わかったこと・気づいたこと

目を見るのが恥ずかしいときは、首元のあたりを見て顔を上げてみよう～！

ステップ 3 身ぶり・手ぶりで伝える

ポイント

身ぶり・手ぶり（ジェスチャー）も コミュニケーションの1つ！

身ぶりや手ぶりをつけることで、自分の気持ちや物事の様子をくわしく伝えることができます。

- 「（拍手をしながら）おめでとう！」
- 「このくらいの大きさの子猫を飼い始めて…（手で子猫の大きさを表す）」

ワーク1　げんきさん、あおいさんと同じように身ぶり・手ぶりをつけて、言ってみよう。

やったー！ 英検、合格できました!!

げんきさん

本当に ごめんなさい…!!

あおいさん

ワーク2

「ここに座って待っていてください」を身ぶり・手ぶりだけで伝えてみよう。

★次のことも身ぶり・手ぶりをつけて伝えてみよう。
　□「それ、貸してくれる？」　　□「少し待っていてね」

ワーク3　わかったこと・気づいたこと

言葉よりも 身ぶりで伝えるほうが 得意かも!!

23

話す

話しかけてみよう！
話し上手になるためのコツを押さえる

いつも友だちのほうから話しかけてくれるのを待っているのではなく、
あなたのほうから話しかけてみたら、友だちもうれしい気持ちになりますよ。
でもそんなとき、声が小さすぎたり大きすぎたりすると、
聞く人も大変です。声の大きさ、話す速さをくふうしたり、
抑揚をつけたりすることで、言いたいことがさらによく伝わりますよ。

☑ **「いま」をチェック！**

- ☐ ちょうどよい声の大きさで話している
- ☐ ちょうどよい速さで話している
- ☐ 話すときに抑揚をつけている

わたしはよく
「声が小さい」って言われるけど、
大きい声の人が
とっても苦手です……。

ステップの流れ

ステップ1 適切な声の大きさを知る
ステップ2 ちょうどよい速さで話す
ステップ3 抑揚をつけて話す

先生・保護者の方へ 指導・支援のポイント

　声の大きさ、速さ、抑揚なども聞き手の印象に大きく影響します。しかし話をしている本人は、「相手にどう聞こえているか、見えているか」に気づきにくいものです。声の大きさや速さに気をつけ、相手や状況によって調整できるようになることが話し上手になるコツです。聞き手の立場から「隣の人とその距離だと今の声くらいの大きさが一番聞きやすいよ」など、具体的なフィードバックをしてあげましょう。

声かけの例

　生徒「先生、あの、聞いてほしいことがあります！！」

△　先生「うるさいからもうちょっと静かに話して！」

○ 　先生「ぜひ聞きたいけれど、他の先生が会議中だから
　　　　声のボリュームを今より下げてくれる？」

ステップ 1　適切な声の大きさを知る

ポイント

声の大きさは自信を表す

●よい声を出すために……
　・口を大きく開ける　・顔を上げる（下を向くとよい声が出ません）　・おなかから声を出す

ワーク1

あなたの声の大きさは？

（　　）「もう少し大きな声で話して」と言われる
（　　）ちょうどよい声の大きさで話せる
（　　）「もう少し静かに話して」と言われる

★次の場面に合う声の大きさで、言ってみよう。

あおいさん

（隣の席の友だちに、授業中にそっと話しかける）
> ごめん、消しゴムを忘れちゃったから、貸してくれる？

さくらさん

（4～5人のグループで話し合いをするとき）
> わたしはA案がよいと思うけれど、みんなはどう思う？

げんきさん

（クラスのみんなの前で発表をするとき）
> これからレポートの発表を始めます。
> 前のスライドを見てください。

ワーク2

口を大きく開けて、発声練習をしよう。 →「あ・え・い・う・え・お・あ・お」

★次の練習もしてみよう。
　□「か・け・き・く・け・こ・か・こ」　　□「さ・せ・し・す・せ・そ・さ・そ」

ワーク3　わかったこと・気づいたこと

人と話さないと、声の出し方を忘れちゃうよね……！

> ### ステップ 2
> # ちょうどよい速さで話す

ポイント

自信がないときこそ、ゆっくり話そう

緊張すると早口になってしまいがちです。そんなときこそ落ち着いて、ゆっくり話してみましょう。
文と文の間は息つぎをするイメージで、一呼吸置くとよいですよ。

ワーク1

① げんきさんの言葉を、<u>できるだけ早口で</u>言ってみよう。

げんきさん

> 来週の修学旅行の集合は朝7：00に学校の
> 体育館です。東京駅まではバスで移動します。

② なおとさんの言葉を、<u>できるだけゆっくり</u>言ってみよう。

なおとさん

> バスが東京駅に着いたら、各自荷物をもって移動します。
> 他のお客さんの迷惑にならないように1列に並んで歩きます。

★①②について、それぞれ、聞いている人はどのように感じるかな？

（→①②を、<u>ちょうどよい速さで</u>伝えてみよう）

ワーク2

あなたの家から学校までの通学経路を、<u>ちょうどよい速さで</u>伝えてみよう。

★次のことも伝えてみよう。
　　□「修学旅行の思い出」　　□「休みの日の過ごし方」

ワーク3　わかったこと・気づいたこと

発表、早く終われ～!!
と思うと、早口に
なっちゃうんだよなぁ。

ステップ 3 抑揚をつけて話す

ポイント 抑揚とは、話すときの「調子」の上げ下げのこと

話に抑揚（音の高低で話の調子の上げ下げを表すこと）がつくと、生き生きとした感じに伝わります。抑揚のない一本調子だと、機械的な印象になります。

ワーク1

① なおとさんの言葉を、抑揚をつけずに伝えてみよう。

なおとさん

> さくらさんはピアノがすごく上手だね。

② げんきさんの言葉を、抑揚をつけて生き生きと伝えてみよう。

げんきさん

> さくらさんはピアノがすごく上手だね。

さくらさんにとって①②はどのように違って聞こえるかな？

さくらさん

ワーク2

抑揚をつけて、お祝いの言葉を伝えてみよう。

> 新入生のみなさん、
> ご入学おめでとうございます！

★次の言葉も、抑揚をつけて気持ちをこめて伝えてみよう。

□「みなさん、いかがお過ごしですか？　お昼の校内放送の時間です」
□「わたしが生徒会長になったら、この学校がよりよい学校になるよう精いっぱいがんばります」

ワーク3　わかったこと・気づいたこと

> 歌でなく、言葉にも
> 調子の上げ下げがあるとは
> 驚きです！

話す

「わかりやすい」と言われる！
説明力をつけよう

相手にわかるように伝えようと一生懸命になるほど、焦ってしまって何から話したらよいかわからない、そんなことはありませんか？
説明の基本は５Ｗ１Ｈ。「いつ」「どこで」「誰が」……を明確にすることで、伝わりやすい話し方ができますよ。
伝え方の基本をマスターしていきましょう。

☑ 「いま」をチェック！

□ 道を尋ねられて説明したことがある

□ 学校までの通学経路を説明できる

□ 今日の出来事を、順を追って説明できる

□ 今の気持ちを何かにたとえて説明できる

一生懸命説明しているつもりなのに「さっぱりわからない」って言われちゃうと、話す気なくなるよね。

ステップの流れ

ステップ1 ５Ｗ１Ｈで伝える
ステップ2 時系列に沿って説明する
ステップ3 「たとえ」でわかりやすくする

先生・保護者の方へ　指導・支援のポイント

　言いたいことがたくさんあって、それを思いつくまま話してしまい、話がどんどん広がって収拾がつかなくなってしまうことがある生徒がいます。また、「聞き手の立場に立つ」ことが難しいために、自分が知っていることは相手も知っていると思ってしまい、結果的に言葉足らずで正確に伝わらなかったり、誤解を与えてしまったりする生徒もいます。伝わりやすい話し方（５Ｗ１Ｈ）や、「たとえば」などの言葉を使って説明する方法を伝え、具体的な説明ができるよう支援していきましょう。

声かけの例

　生徒「先生、あのね、大変なんです、あそこであの3人が、困っています」

△　先生「そんな話だと、何が言いたいのかさっぱりわからないよ」

○　［　先生「わかった（←いったん受け入れる）。じゃあ①いつ②どこで③誰が
　　　④どうした、の順に話してみてくれる？（←5Ｗ1Ｈを具体的な言葉で示す）」　］

年　　月　　日

ステップ 1　5W1H で伝える

ポイント

話に５WＩH を入れると、わかりやすい！

- **W**hen
  ウェン
  いつ
- **W**here
  ウエアー
  どこで
- **W**ho
  フー
  誰が
- **W**hat
  ホワット
  何を
- **W**hy
  ホワイ
  なぜ
- **H**ow
  ハウ
  どのように

ワーク1　げんきさん、さくらさんと同じように伝えてみよう。

> 先生、大変です！
> あっちで事件が
> 起きています！

げんきさん

> 先生！　体育の時間に
> なおとさんが校庭で転んでしまい、
> 足にけがをして動けないみたいです。

さくらさん

★上の内容からわかったことを書いてみよう。大事なことは、どちらの話からわかったかな？

いつ	どこで

誰が	何をした

ワーク2

　5W1Hを入れて「今日の出来事」をくわしく話してみよう。

★次のテーマでも話してみよう。

　□ 思い出に残っている旅行について　　□ 好きな時間について

ワーク3　わかったこと・気づいたこと

....

> え、思いついた順に
> 話せばいいのかと
> 思っていた……。

29

年　　月　　日

時系列に沿って説明する

ポイント

時系列とは、「時間の経過」、「順番に」という意味

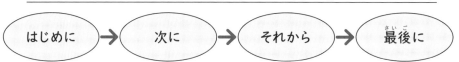

はじめに　→　次に　→　それから　→　最後に

ワーク1　カップラーメンの作り方を順に説明してみよう。

●はじめに……

湯をわかす

●次に……

ふたをはがす

●それから……

湯をそそぐ

●最後に……

ふたをしめて
3分待つ

ワーク2

今朝起きてから学校に来るまでのことを、順に伝えてみよう。

☐　朝起きる

☐　学校に着く

★次のテーマでも順を追って話してみよう。
　☐「学校が終わってから寝るまで」　　☐「家から学校までの行き方」

ワーク3　わかったこと・気づいたこと

「はじめに」「次に」…
などの言葉を
覚えておくといいね。

30

年　　月　　日

「たとえ」でわかりやすくする

ポイント

「たとえ」でイメージを共有

「ああ、そういうことか！」とわかってもらえるような例を挙げて説明します。

例：「氷のように冷たくなったイス」「おせんべいみたいにかたくなったパン」

「たとえば…芸能人の○○さんのような人だよ！」など……くふうできそうですね。

ワーク1　あおいさん、げんきさんと同じように「たとえば」で話してみよう。

あおいさん

> もう10月だというのに、
> 真夏のような暑さですね。

げんきさん

> 先週、おばあちゃんが手のひらくらいの大きさの
> からあげを作ってくれたよ。おいしかった！

★今日の天気や気候を、「たとえば」を使って説明してみよう。

ワーク2

次のたとえで思い浮かぶものを、なるべくたくさん挙げてみよう。

●太陽のような　（　　　　　　　　　　　　　　　　　　　　　　　　）

●雲のような　　（　　　　　　　　　　　　　　　　　　　　　　　　）

●機械のような　（　　　　　　　　　　　　　　　　　　　　　　　　）

ワーク3　わかったこと・気づいたこと

....

> 「たとえ」って自分では
> 思いつかないけれど、
> 言ってもらえると
> 「なるほど〜！」って思う！

話す

自信をもって主張する！
意見の伝え方

クラスで1つのテーマで話し合ってみると、人によってさまざまな
考え方や意見があることに気づきますね。「違い」があることは
決して悪いことではなく、お互いの意見を交換することによって
「よりよいアイディア」が生まれます。「あなたはどう思う？」と聞かれたら、
自信をもって自分の意見を伝えてみましょう。

☑ 「いま」をチェック！

- ☐ 言いたいことははっきり言う
- ☐ 言いたいことを言わない・言えない
- ☐ 他人の意見に流されやすい
- ☐ 他人の意見には合わせたくない

なるべくもめないように、
みんなの意見に合わせる
ようにしています。
それが一番！

ステップの流れ

ステップ1	「わたしメッセージ」を伝える
ステップ2	反対の意見を伝える
ステップ3	自分に合う方法で伝える

先生・保護者の方へ　指導・支援のポイント

　おとなしく控えめな生徒は、自分の意見を主張することに自信がなかったり、みんなと対立することをこわがったりします。相手を傷つけるような言い方でなければ「自分の気持ち」「自分の意見」はきちんと伝えてよいことを教えてあげましょう。また、もし友だちと意見が対立してしまうことがあっても、お互いに話し合って解決することでかえって理解が深まることにもなります。練習や経験の機会を作ってあげてください。

声かけの例

△　先生「あおいさんもだまっていないで自分の意見をはっきり言ってみて」
　　生徒「いや特にないです……」

○　［　先生「人によって感じ方はさまざまだね。あおいさんは
　　　　　　　どちらかといえば賛成？　反対？（選択肢を示す）」
　　　生徒「うーん、どちらかといえば反対かもしれません。
　　　　　　　なぜかというと……」　］

年　　　月　　　日

ステップ 1　「わたしメッセージ」を伝える

ポイント

主語は、「自分（わたし）」

「わたしはこう思う」と自分の意見に自信をもって伝えてみましょう。人の意見に反対するというわけではないので、少し言いづらい意見を伝えるときにも使えますよ。

ワーク1　クラスで文化祭についての話し合いをしています。あなたは誰タイプ？

絶対に「お化け屋敷」がやりたい！！！
（自分の意見を強く主張する）

げんきさん

うーん……。
みんなの意見に賛成するよ。
（自分の意見が言えない）

あおいさん

さくらさん

「お化け屋敷」もいいと思うけれど、わたしはお客さんがたくさん来てくれそうな「喫茶店」がいいな。
（相手の意見も大切にしつつ、「わたしメッセージ」で伝える）

あなた

あなただったら？　「わたしメッセージ」を考えて、伝えてみよう。

....

ワーク2

今の学校生活について言いたいことを、「わたしメッセージ」にして伝えてみよう。

例：わたしは部活動の休みがもっとあるといいと思う。
　　わたしは制服がもっと自由に選べるといいと思う。

ワーク3　わかったこと・気づいたこと

....

自分の意見を言ってもケンカにならなかったし、むしろいいアイデアが生まれた！

年　　　月　　　日

反対の意見を伝える

ポイント
相手の意見も大切に！　理由も必ず伝えよう

友だちと意見が違う場合でも、まず最後まで耳を傾けましょう。反対の意見を言うときには、どうしてそう思うか理由もあわせて伝えましょう。

ワーク1　げんきさんの意見を、そのまま言ってみよう。

なおとさん

> 校外学習の行き先はテーマパークにしたいと思いますが、意見がある人はいますか？

> はい！　ぼくはキャンプのほうがいいと思います。テーマパークはみんなで同じ活動ができないからです。キャンプならみんなで協力し合えて仲よくなれると思いました。

げんきさん

★あなたはどう思う？　→　テーマパークがよい　・　キャンプがよい

その理由を伝えてみよう。

あなた

ワーク2

誰かの意見に反対したことがあれば、その経験を話してみよう。

★どんなことに注意して伝えた？　結果はどうなった？

ワーク3　わかったこと・気づいたこと

> 反対の意見を主張していると
> ついつい熱くなって、
> 「怒っているの？」と
> 聞かれます。

年　　　月　　　日

ステップ3　自分に合う方法で伝える

ポイント

自分に合う方法で伝えてもよい

意見を主張するのが苦手な人は、無理をせずに自分に合った方法で伝えてみましょう。伝えたいことをメモに書いてから話したり、絵や図にしたりして伝えるなどいろいろな方法があります。

ワーク1　まなぶさん、あおいさん、なおとさんのセリフを言ってみよう（あなたに合う方法はありますか？）。

まなぶさん

> メモを書いてから伝えたいので、少し時間をください。

あおいさん

> 伝えたいイメージをイラストにしたので、みなさん見ていただけますか？

なおとさん

> すぐに答えるのが苦手なので、もう少し考えさせてください。

★あなたに合った伝え方すべてに〇をつけよう。

（　　　）　話して伝える（話すのは得意！）
（　　　）　メモに書いて、見せながら伝える（メモがあると安心）
（　　　）　絵や図に描いて、見せながら伝える（絵や図が得意！）
（　　　）　じっくり考えてから伝える（考えをまとめてから伝えたい）
（　　　）　その他：

ワーク2

最近のニュースなどを見てあなたが気になっていること、声をあげたいことについて、自分に合う方法で伝えてみよう！

ワーク3　わかったこと・気づいたこと

> 絵に描いて伝えていいなら、そのほうが思いをそのまま伝えられそう！

話す

思いを届ける！
気持ちの伝え方

自分の心のなかにある気持ちは目に見えるものではありません。
「恥ずかしいから」と言葉にしないままでは、気持ちが伝わらない
ばかりか、誤解されてしまうこともあります。思い切って伝えることで、
あなたの心に寄り添ってもらえることもありますよ。
イライラなどマイナスの感情も上手に伝えれば、わかってもらえますよ。

☑ 「いま」をチェック！

☐ 家族に「ありがとう」と伝えている
☐ 家族は自分の気持ちをよく理解していると思う
☐ 気持ちを言葉にして伝えることが多い
☐ イライラを態度や表情に出すことが多い

ムカツク！ 以外に
気持ちを表現する言葉が
見つからないんだけど……。

ステップの
流れ

ステップ1 うれしい気持ちを伝える
ステップ2 悲しい気持ちを伝える
ステップ3 マイナスの感情を冷静に伝える

先生・保護者の方へ　指導・支援のポイント

　同じ心の動きでも、「気持ち」は心のなかにずっとあって変化していくもの、「感情」は突発的に起きるものです。コミュニケーションが苦手な生徒たちは、そのどちらも言葉で表現することが苦手です。そもそも「気持ちや感情を表現する言葉」をそれほど多く知らない場合も多いでしょう。「ウザイ」「メンドクサイ」など簡単で単純な言葉以外にも、選択肢を多くもてるように支援します。大人から積極的に話しかけ、ポジティブな気持ちを言葉にすることが周囲の人間関係も明るくすることを気づかせてあげましょう。

声かけの例

△ 先生「最近、どう？」
　　生徒「いや特に……」(˘︵˘)

〇　先生「今日は久しぶりのいい天気で、気持ちがいいなあ……」
　　　　（先生から気持ちを話してみる）
　　生徒「あ、そういえばいい天気ですね、気持ちいいですね」(^^)

ステップ1 うれしい気持ちを伝える

ポイント

「うれしい！」（ポジティブな）気持ちは人も幸せにする

「部活動の試合でいい結果が出た！」「猫を飼い始めた！」など、毎日のちょっとしたいいこと、うれしいことをまわりの人にも伝えてみませんか。相手もうれしい気持ちになりますよ！

例：うれしい／楽しい／よかった／幸せ！／ラッキー／やったね！……

ワーク1　なおとさん、あおいさんの「うれしい」が伝わるように言ってみよう。

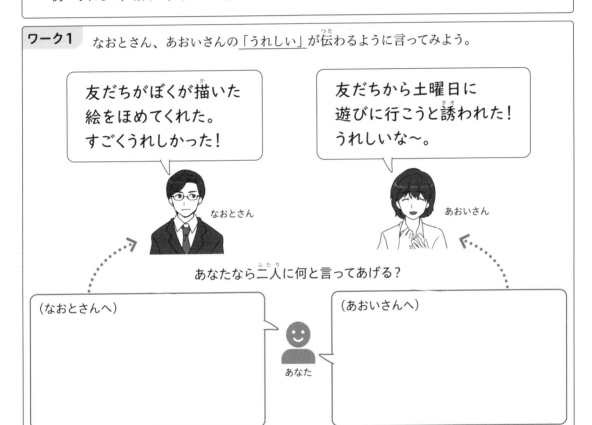

友だちがぼくが描いた絵をほめてくれた。すごくうれしかった！

なおとさん

友だちから土曜日に遊びに行こうと誘われた！うれしいな〜。

あおいさん

あなたなら二人に何と言ってあげる？

（なおとさんへ）

あなた

（あおいさんへ）

ワーク2

先生や友だちに、「最近のうれしかった（ポジティブな気持ちになった）出来事」を話してみよう。

★先生や家族、友だちのうれしかったことも聞いてみよう！

ワーク3　わかったこと・気づいたこと

なるほど、うれしい気持ちを人と分かち合うということは、「自慢」とは違うのですね。

37

ステップ 2 ｜ 悲しい気持ちを伝える

ポイント

「悲しい」気持ちも話すことでちょっと楽になる

悲しかった気持ち、いやだったこと、残念だったこと……。信頼できる人であれば、あなたの
心のなかの気持ちをそっと伝えてみましょう。わかってもらえたら、少し心が楽になりますよ。

例：悲しい／悔しい／残念／さびしい／いやだ／ショックだった／悩んでいる……

ワーク1

げんきさん、まなぶさんの「悲しい」が伝わるように言ってみよう。

仲がよかった友だちが
遠くに転校してしまうことに
なった……。
すごくさびしいな……。

げんきさん

友だちに連絡を伝えに
行ったのに最後までちゃんと
聞いてもらえなかった。
悲しいな……。

まなぶさん

あなたなら二人に何と言ってあげる？

（げんきさんへ）

あなた

（まなぶさんへ）

ワーク2

先生や友だちに、「最近の悲しかった（ネガティブな気持ちになった）出来事」を話してみよう。

★先生や家族、友だちの悲しかったことも聞いてみよう！

ワーク3　わかったこと・気づいたこと

ネガティブな気持ちを
人に話すのは失礼かと
思っていたけど、
聞いてもらってもいいのね。

年　　　月　　　日

マイナスの感情を冷静に伝える

ポイント

感情が爆発する前に深呼吸

イライラや不安など、マイナスの感情が湧き起こったとき、そのまま言葉や行動に表すと、まわりの人も驚いてしまいますね。いったんブレーキをかけて、落ち着いてから対処方法を考えましょう。

ワーク1　マイナスの感情のときあなたは誰に近い？

あ〜〜もう!!!　むかつく!!!
（イライラした感情をそのまま伝える）

………。
（イライラした気持ちを
うまく言葉にできない）

げんきさん　　　　　あおいさん　　　　　　なおとさん　　　　　　まなぶさん

もう立ち直れない〜（泣）
（泣いたり落ち込んだりする）

………。
（心にフタをして忘れる）

★こんな言葉で伝えてみてはどうかな？

あなた

□ ごめん、今少しクールダウンしてきてもいいかな？（席をはずす）
□ ちょっと落ち着いてから、もう一度考えてもいいかな？
□ 気持ちを落ち着かせたいから、少し待ってもらえる？
□ 他にも考えてみよう（　　　　　　　　　　　　　　　　　）

ワーク2

最近「イライラしたこと」「怒ったこと」や、そのときの対応について話してみよう。

★次のことも話してみよう。
□ イライラや不安の気持ちを変える方法　　□ ストレス解消法

ワーク3　わかったこと・気づいたこと

イライラしていると
自覚する前に
言葉や行動に出てしまって
後悔するんだよねえ……。

話す

授業に生かせる！
１分間スピーチ術

あなたは授業中に手を挙げて発言するほうですか？　先生に急に
指名されても「何て言っていいかわからない」こともありますよね。
学校生活は人前で話をする機会が多いものです。
自分で決めたテーマに沿って人前で１分間話すことができたら、
きっと自信がつくし、他の場面にも生かせますよ。

☑ 「いま」をチェック！

- □ 授業中に積極的に発言している
- □ 指名されたら発言・発表している
- □ 文章を書くことが好き
- □ みんなに伝えたいテーマがある

発表は苦手だけれど、
アニメの話なら１分間では
足りないかも！

ステップの流れ

ステップ1	授業で発言する
ステップ2	発表テーマや内容を考える
ステップ3	１分間スピーチに挑戦する

先生・保護者の方へ　指導・支援のポイント

　発言や発表が苦手な生徒は緊張しやすく、人前で話すことの成功体験が少ないことが考えられます。
いきなり「１分間スピーチをしてください」と言うのではなく、テーマ設定から一緒に考えましょう。
ポイントは「好きなこと」をテーマにすることです。趣味や興味のあること、最近の出来事など本人の
個性をまわりの人に知ってもらえる内容を一緒に考え、「台本」→「練習」→「発表」→「フィードバック」
の流れで支援し、成功体験を作ってあげてください。

声かけの例

△　先生「何かみんなに伝えたいことは？」
　　生徒「特にありません……」(´△`)

○　［ 先生「あおいさんが好きな本の話、みんなに少し教えて
　　　　　　あげてほしいんだけど……」
　　　生徒「え〜オタクっぽい内容でもいいんでしょうか〜」(*^^*) ］

年　　　月　　　日

ステップ
1 # 授業で発言する

ポイント

心の準備とメモの準備

授業中に指名される内容や順番がわかっているときには、事前にメモを作るなど準備をしておくと安心です。急に指名されて困ってしまったときにも、ただ黙ってしまうのではなく、「わかりません」「少し考えさせてください」と言えるとよいですね。

ワーク1　急に指名されて答えがわからないとき、あなただったら誰に近い？

先生

この問題の答えがわかる人はいますか？

わかりません。
（あきらめる）
げんきさん

えっとえっと……。
（まとまらない）
あおいさん

……。
（言葉が出てこない）
まなぶさん

あなた

★こんな言葉で伝えてみよう

□ わかりません。もう少し考えさせてください
□ 先生、もう一度質問を言っていただけますか？
□ 先生、ヒントをいただけますか？
□ 他にも考えてみよう（　　　　　　　　　　　　　　　　）

ワーク2

授業中に発表してうまくいった経験について話してみよう。

・何年生のとき？　どんな授業で、どんなテーマ？

★次のことも話してみよう。
　□ 好きな授業について　　□ 苦手な授業について

ワーク3　わかったこと・気づいたこと

突然指名されるとびっくりするから、順番が決まっているほうが安心！

年　　月　　日

ステップ **2** 発表テーマや内容を考える

ポイント

話したいことを「見える化」してみよう！

1分間とはいえ、話すと長く感じます。内容を頭のなかだけで組み立てるのではなく、順番を考えながら「台本」を作るとよいでしょう。聞いている人の気持ちを想像しながら、どんなことを伝えたいのか、わかってもらいたいのかを考え、あなただけのオリジナル台本を作りましょう。

ワーク1

さくらさんは次のような台本を考えました。①～⑤の順に読んでみよう。

① **テーマ**：わたしは、自分の好きなことについて話します。
② **テーマの説明**：わたしの好きなことは、小説を読むことです。小学生のころから本を読むことが大好きでした。今では小説を1週間に1冊は読んでいます。
③ **理由**：小説が好きな理由は、小説の世界では、自分が行ったことのない場所に行くことができたり、主人公を通して新しい経験ができるからです。
④ **みんなに知ってほしいこと、伝えたいこと**：わたしがみなさんにぜひおすすめしたい小説は『未来の冒険』です。どんなお話かというと……。
⑤ **まとめ**：これからもいろいろな小説を読んでみたいです。ぜひみなさんの好きな小説も教えてください。

ワーク2

さくらさんの台本を参考に、「わたしが好きなこと」をテーマにした台本を作って、1分間スピーチをしてみよう。

① テーマ：
② テーマの説明：
③ 理由：
④ みんなに知ってほしいこと、伝えたいこと：
⑤ まとめ：

ワーク3 わかったこと・気づいたこと

台本があれば
どんな順番で話せばいいか
決まっているから安心！

年　　月　　日

ステップ 3　1分間スピーチに挑戦する

ポイント

うまくなくても「伝えたい」気持ちが一番！

あなたの好きなテーマで、1分間スピーチにチャレンジしましょう。上手に話す必要はありません。「伝えたい」気持ちを大切に練習し、思い切って話してみましょう。

ワーク1　1分間スピーチで話す内容をまとめてみよう。

【1分間スピーチ】

●テーマ

●一番伝えたいこと

●スピーチ原稿

ワーク2　伝わるポイントをチェックしよう。

☐ 大事なところは
　ゆっくり話そう！

☐ 時間を計って
　練習しよう

☐ 原稿から顔を上げて、
　聞き手を見よう

☐ 先生や友だちに練習
　を聞いてもらってア
　ドバイスをもらおう

☐ 手ぶりや身ぶりを
　つけてみよう

ワーク3　わかったこと・気づいたこと

次はクラスのみんなの
前でも話せそう！

43

聞き手も大事！
耳と心で相手に寄り添う

「傾聴」とは人の話を真剣に聞くこと。あなたは友だちや先生、家族の話に真剣に耳を傾けていますか？ 「にこやかな表情」や「落ち着いた雰囲気」は、話す側に「ちゃんと聞いています」「安心して話していいよ」のサインを送ります！ また、うなずきやちょっとした反応（リアクション）は話している人に安心感を与えますよ。

 ☑ 「いま」をチェック！

☐ 家族の話をよく聞いている

☐ 話している相手の顔を見て話を聞いている

☐ 話を聞くときに相づちを打っている

☐ 友だちの話にリアクションをしている

一生懸命聞こうとしていても、途中で疲れてしまってぼーっとしてくることがあります……。

ステップの流れ

ステップ1	相手が話しやすい聞き方を知る
ステップ2	相づちのコツ
ステップ3	リアクションを示す

先生・保護者の方へ 指導・支援のポイント

　コミュニケーションのうえでは、「話す」だけでなく「聞く」ことも重要です。自分の気持ちに正直な生徒は、興味がない話だとうわの空になってしまい、悪気なく相手の気持ちを傷つけてしまうことがあります。話をしている人の立場や気持ちを想像することは簡単なことではありませんが、「相づちを打つ」「リアクションをする」など行動で示すことで、相手が受ける印象はだいぶ変わることを学び、実践できるよう支援しましょう。また、指導する大人も生徒の話をしっかり傾聴しましょう。

声かけの例

　生徒「先生、テストのことで質問があるのですが……」

△ 先生「さっき言ったのに、またちゃんと聞いていなかったの？」”(-“”-)”

○ ［先生「はい、テストのことで質問ですね（←くり返す）。ちゃんと質問に
　　来てえらいね（←ほめる）。今別の仕事中なのであと3分間廊下
　　で待っていてね（←具体的に伝える）」(*^^*)］

年　　月　　日

ステップ 1 相手が話しやすい聞き方を知る

ポイント

耳だけでない、「聞く」姿勢

話をしている人のほうに体を向けて、落ち着いて話を聞きましょう。何かをしながら聞く「ながら聞き」は、相手に「話を聞いてもらえていない」という印象を与えてしまいます。楽しい話のときには笑顔で聞くなど、表情も意識してみましょう。

ワーク1　相手が話しやすい「聞き方」をチェックしてみよう。

- □ にこやかな表情を作る
- □ 相手のほうに体を向ける
- □ 話に集中する
  - × スマホを見ながら聞く
  - × 手遊びをしながら聞く
  - × 別のことを考える

★げんきさんの授業中の聞く姿勢はどうかな？　あなたからアドバイスをしてあげよう。

あなた

ワーク2

先生や家の人から、あなたの「聞く姿勢」についてアドバイスをもらって、書いておこう。

★次のことについても話してみよう。
- □ あなたが話しやすいと思う人はどんな人？
- □ あなたが話しにくいと感じる人は？

ワーク3　わかったこと・気づいたこと

話を聞くとき、つい自分の手元を見てしまうことがあるから気をつけよう！

年　　　月　　　日

スキル8

ステップ 2　相づちのコツ

ポイント

「相づち」は「聞いていますよ」のサイン

話を聞くときにうなずいたり、「そうなんだ！」「わかるな〜」「なるほど！」などの相づちをうってみましょう。相づちがあると、お互い話しやすくなりますよ！

ワーク1　げんきさんと同じように言って、①〜④のように相づちの練習をしよう。

にこやかな表情で相手のほうを見る

① うん、うん・・・

② へえ、そうなんだ！

★先輩や先生の場合は……

③ はい、はい……。

④ そうですね、わかりました！

ワーク2　まなぶさんの話を相づちを打ちながら聞いて、答えてあげよう。

昨日は、いい天気だったね！

あなた

昨日は、ぼくの誕生日だったんだ (*^-^*)

あなた

ワーク3　わかったこと・気づいたこと

友だちが相づちを打ってくれると、安心して話せるな〜！

ステップ 3 リアクションを示す

ポイント

聞き上手はみんな、リアクション上手!

リアクションとは、相手の話を受けて態度や言葉で「反応」を示すこと。笑ったり、驚いたりすることもリアクションの1つ。大事なのは相手の気持ちに寄り添うこと。上手なリアクションは話を盛り上げます。ただし相手を傷つけるようなリアクションはやめましょう。

ワーク1　あおいさんの話を聞いたげんきさんのリアクションを考え、言ってみよう。

あおいさん

> この前、電車のなかで芸能人に会ったよ!

> 　　　　　　　　　　　　　　　!!!

げんきさん

★あおいさん、まなぶさんの話にリアクションしてみよう。

あおいさん

> コンビニでくじを引いたら、ジュースが当たったの!

あなた

まなぶさん

> 期末テスト、数学が赤点でした……。

あなた

ワーク2　こんなリアクションも声に出して言ってみよう。

☐「それはよかったね!」　　☐「すごいね!」　　☐「その気持ち、よくわかるよ」
☐「元気出してね」　　　　☐「それは予想外だったな」　☐「それはがっかりだね」
☐「もっとくわしく教えて!」

★他には?　(　　　　　　　　　　　　　　　　　　　　　　　　　　　　)

ワーク3　わかったこと・気づいたこと

お笑い好きですから、「リアクション」はおまかせください!

47

聞く

話しやすいと言われる！
聞き上手のコツ

あなたが「この人は相談しやすい」と思っている人は、
きっと「聞き上手」な人です。話を聞いてもらうと気持ちが落ち着いて、
解決のヒントが得られる……そんな「聞き上手な人」は、
相手が解決の方法を見つけられるような聞き方ができます。
そのコツの一部を身につけてみましょう。

☑ 「いま」をチェック！

☐ 最近家族から相談を受けた（例：　　　　　　　　）

☐ 最近友だちから相談を受けた（例：　　　　　　　　）

☐ 「話しやすい」とよく言われる

☐ 話を聞くときは相手の気持ちを大切にする

> 友だちに相談されると
> 何とかよい方法を考えて
> あげなくちゃと思って、
> 自分のほうが話しすぎて
> しまうかも……。

ステップの流れ

ステップ 1	「くり返し」で答える
ステップ 2	相手に「共感」する
ステップ 3	「質問」で自己解決を引き出す

先生・保護者の方へ　指導・支援のポイント

　まずは聞き上手のコツを先生や保護者の方が実践してみてください。

・「くり返し」：特別なアドバイスをしなくても、まず相手の言葉をいったんそのままくり返すだけで、
　生徒は「聞いてもらった」「受け止めてもらった」と感じます。

・「共感」：共感の気持ちを示すことで、「わかってもらえた」と安心できます。

・「質問」：相談された内容についていきなり解決方法をアドバイスすることが難しくても、いくつか
　質問を加えると、「自分はどうしたいのか」に気づかせることができます。

声かけの例

　生徒「先生、最近朝起きられなくて……」

△　先生「遅刻ばかりでは、進級できませんよ」

○　［先生「朝、自分で起きることが難しいのですね？（←くり返し）　早起きしよう
　　　　　と思っていても、なかなか起きられない日がありますよね（←共感）。
　　　　　寝る前の時間はどのように過ごしていますか？（←質問）」］

年　　月　　日

ステップ 1 「くり返し」で答える

ポイント

「くり返し」で受け止める

何かよいアドバイスをしようと考えすぎず、まず相手の言葉を受け入れ、そのままくり返してみましょう。「受け止めた」というメッセージになり、会話が続きやすくなりますよ。

ワーク1

さくらさんと同じように、あおいさんの言葉をそのままくり返して言ってみよう。

あおいさん

> あ～あ…。友だちに誤解されちゃって、悲しい気持ち…。

> そうなんだ。（←相づち）
> 友だちに誤解されて、悲しいんだね。（くり返し）

さくらさん

★げんきさん、あおいさんの言葉をそのままくり返して言ってみよう。

げんきさん

> 朝から兄ちゃんに怒られて、イライラしているんだ！

あなた

あおいさん

> ペットのハムスターの元気がなくて、心配なんだ…。

あなた

ワーク2

先生や友だちに今日の出来事や気持ちを話してもらい、「くり返し」で答えよう。
★役割を交代して、あなたの話も「くり返し」で答えてもらい、感想を話し合おう。

ワーク3　わかったこと・気づいたこと

> よいアドバイスができなくても、くり返すことで会話が続くのね！

49

年　　　月　　　日

<table>
</table>

ステップ 2 相手に「共感」する

ポイント

「わかるよ」の一言で、相手に寄り添う

話をしている人がどんな気持ちでいるのかを想像してみましょう。「わかるよ」「そういうとき、あるよね」と共感し、相手の心に寄り添う一言を伝えてみましょう。

ワーク1

なおとさんとさくらさんのセリフを比べて、どちらが「共感」しているか考えてみよう。

げんきさん

球技大会、2組に負けて悔しいな〜！！！

そんなにイライラすると、体に悪いよ。
イライラしないほうがいいよ。（自分の考えを伝える）

なおとさん

うんうん、わかるよ！
惜しかったからなおさら悔しいよね。（共感の一言を伝える）

さくらさん

★まなぶさんの話を聞いて、共感の気持ちを表してみよう。

まなぶさん

ぼく、人前で話すのが本当に苦手で、発表の前になると「うまくできるかな？」「笑われたらどうしよう？」ってすごく不安な気持ちになっちゃうんだよね……。

あなた

ワーク2

先生や友だちの「最近の悩みごと」について話してもらい、共感の姿勢で聞こう。
★役割を交代して、あなたも「共感」で聞いてもらい、感想を話し合おう。

ワーク3　わかったこと・気づいたこと

人の気持ちはわかりにくいけれど、「わかるよ」の一言なら伝えられそうです。

年　　　月　　　日

ステップ 3　「質問」で自己解決を引き出す

ポイント　「あなたはどうしたい？」で気づくことも

相談をするとき、人は「本当はこうしたい」という答えを心のなかにもっていることもあります。質問をすることで、「本音」や「解決策」に気づけるように促しましょう。

ワーク1　さくらさんと同じように、質問を入れて答えてみよう。

あおいさん

わたし、将来は声優になりたいんだけど、本当になれるのか、不安になるんだ……。

そうなんだ……。声優になるためには、どんな方法があるの？

さくらさん

あおいさん

（あ、そういえば具体的な方法は考えていなかったな……）

ワーク2　まなぶさん、あおいさんの相談を聞いて、「くり返し」「共感」「質問」のコツを使って答えてみよう。

まなぶさん

数学ができるようになりたいんだ……！

あなた

あおいさん

さくらさんとケンカしちゃったんだけど、どうしたらいいのかな……。

あなた

ワーク3　わかったこと・気づいたこと

何だか聞き上手になった気がします！

聞く

大事なことを聞きのがさない！
授業の聞き取り術

授業に落ちついて参加していると、先生からは「わかっている」と
思われがちですが、実は先生の話の速さについて行けていないとか、
一度にたくさんのことを聞き取るのが大変だと感じている人もいるでしょう。
「一生懸命聞く」「メモを取る」「質問をする」などのくふうに加えて、
「もっとこうしてほしい」という部分は、気軽に先生に相談してみましょう。

☑ 「いま」をチェック！

- ☐ 大事な連絡を聞きのがしたことがある
- ☐ 授業の内容はだいたい聞き取ることができる
- ☐ 授業以外でも先生の話はメモを取っている
- ☐ わからないことがあれば質問に行っている

一度にたくさんのことは
聞き取れないし、後から
質問しようと思っても、
どこがわからないのかが
わからなくなって
しまうんですよね……。

ステップの流れ

ステップ1	メモを取る
ステップ2	聞きのがしたことを質問する
ステップ3	うまく聞き取れないとき

先生・保護者の方へ **指導・支援のポイント**

　授業中の様子だけでは「聞く」ことの苦手さはわかりにくく、生徒自身も誰にも相談できずにいる場合が多いと思われます。耳から入る情報が整理できず、必要でない音（生活音やざわつきなど）も一緒に取り込んでしまったり、視覚から入る情報（掲示物や板書など）が多すぎて聞くことへの集中を阻害する場合もあります。授業中の「聞く」（または「読む」「書く」「話す」）に困難がある生徒は、まず本人の感じ方に寄り添い、特別支援教育の専門家とも相談しながら個別的で具体的な支援を検討してあげてください。

声かけの例

△ 先生「先生の説明をよく聞いていましたか？」
　　生徒「は、はい・・・（速すぎてよくわかりませんでした）」(ˊ˙˘˙ˋ)

○ 先生「聞き取りのテストです。今の声の大きさ、スピードで聞き取ることができますか？」
　　生徒「声の大きさはちょうどいいです。もう少しゆっくり、区切ってお話ししていただきたいです」(*^^*)

年　　　月　　　日

ステップ 1　メモを取る

ポイント

「メモ」で安心できる！

授業や連絡など大事な話を聞くときには、必ずメモを取るようにしましょう。「聞きながら書く」ことが苦手な人は、タブレットやスマホを活用する方法もあります。聞いたことを「形に残す」ことで安心できますね。

ワーク1　次の話を聞いて、どんなメモを取ればいいか考えてみよう。

> 今年の美術部の夏休みの合宿は、7月26日〜28日です。
> 場所は山梨県の河口湖で、現地まではバスで行きます！

メモ

ワーク2

先生や家族に来月の予定を話してもらい、メモを取る練習をしよう。

※聞き取れなかったところは、どんどん質問しよう。

メモ

ワーク3　わかったこと・気づいたこと

何度も質問すると
「また？」って言われるから、
メモを取っておくと安心♪

年　　月　　日

ステップ 2　聞きのがしたことを質問する

ポイント

質問することは恥ずかしくない！

うまく聞き取れなかったときには、思い切って質問してみましょう。わからないまま話を進めてしまうと、誤解につながってしまいます。

ワーク1　まなぶさんと同じように、先生へ質問をしてみよう。

先生

> 今回のテスト範囲は教科書の20〜38ページです。
> プリントは5〜12まで見ておきましょう。

> すみません、教科書のページを
> 聞きのがしてしまったので、
> もう一度教えていただけますか？

まなぶさん

★こんなときは、どう質問したらいい？

まなぶさん

（先生の話がうまく聞き取れなかったので、隣の友だちに聞きたい）

....

....

ワーク2　先生に質問に行くとき、どのように声をかけたらいい？

☐ 先生、今少しお時間よろしいでしょうか？
☐ 先生、先ほどの授業のことで、もう一度教えていただきたいことがあるのですが。
☐ その他：(　　　　　　　　　　　　　　　　　　　　　　　　　　　　　　　)

ワーク3　わかったこと・気づいたこと

....

> 会話のなかでわかっていないのにうなずいちゃうこと、結構あるな〜！

年　　　月　　　日

ステップ 3　うまく聞き取れないとき

ポイント

聞き取りにくさは一人ひとり違う

「もう少しゆっくり話してほしい」「メモに書いて伝えてほしい」など、どうしたら聞き取りやすくなるか、自分から伝えてみましょう。

ワーク1　あなたが聞き取りにくいのはどんな場面？

（　　　）早口で話されたとき
（　　　）高い声で話されたとき
（　　　）たくさんの内容を一度に話されたとき
（　　　）目で見てわかる情報（黒板やプリントなど）がないとき
（　　　）騒がしい場所で話されたとき

その他…（　　　　　　　　　　　　　　　　　　　　　）

高い声が苦手です。

★なおとさん、まなぶさんと同じように言ってみよう。

> すみません、少し速くて聞き取れなかったので、もう少しゆっくり話していただけますか？

なおとさん

> 内容を聞き取れなかったので、メモに書いて教えていただけますか？

まなぶさん

ワーク2　あなたが「うまく聞き取れない」と感じる場面を想像してみよう。友だちや先生にどのように伝える？

★次のことも話してみよう。
　□ 先生にもう少し大きな声で話してほしい　　□ 友だちにプリントを見せながら話してほしい

ワーク3　わかったこと・気づいたこと

どこが大事かわからないから、「ここは大事」と言ってから話してもらえるといいな！

55

会話

何から話そうか？
会話のきっかけ作り

自分から話しかけることは勇気がいるけれど、
「誰かが話しかけてくれたらいいのにな」と思っている人は
意外と多いようです。思い切ってあなたから声をかけてみませんか？
特別な用事がなくてもいいのです。
ちょっとした会話のきっかけを作ることから始めましょう。

☑ 「いま」をチェック！

☐ 家族に自分から話しかけている

☐ 友だちに話しかけられたら話す

☐ 友だちに自分から話しかけている

☐ 一人でさびしそうな友だちがいたら、
　話しかけてあげたい

隣の席の友だちと
仲よく話したいけれど、
何をきっかけに
話し始めれば
よいのかな……？

ステップの
流れ

ステップ1	会話のきっかけを作る
ステップ2	友だちの話に入っていく
ステップ3	会話で気をつけたいマナー

先生・保護者の方へ　指導・支援のポイント

　会話のきっかけを自分から作りにくい生徒は、「いつ、どんなタイミングで」「誰に」「どんな話題で」話しかけたらよいのかが判断しづらいのです。まず安心して話せる先生や家族が話し相手になってあげてください。そのようなとき、大人から話しかけてあげることが多くなりがちですが、「こっちに話しかけてみてね」と、あえて練習場面を設定してみることも、生徒にとっては成功体験の第一歩となります。「そんなことをいちいち練習するの？」というようなことから始めてみましょう。

声かけの例

生徒「……」

△　先生「黙って立っているだけじゃわからないよ」

○　[先生「話をしにきてくれたのかな？　ゆっくりでいいから
　　　　お話ししたいことを教えてくれる？」]

年　　　月　　　日

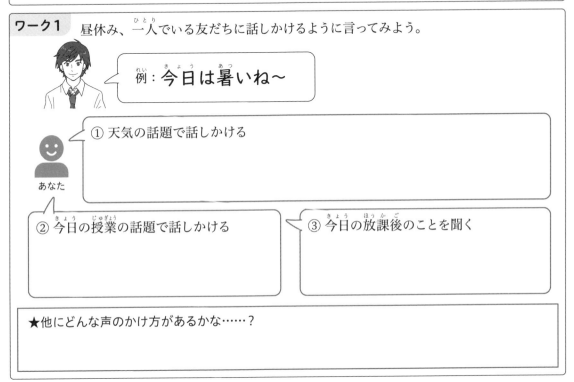

| ステップ 1 | 会話のきっかけを作る |

ポイント

知っていることや、目に見えることから話す

「何を話したらいいんだろう……」と考えすぎる必要はありません。
「今日は雨だね」「次は英語だよね」「その筆箱、いいね」など「そんなこと知っているよ」
ということでもいいので、話しかけてみましょう。

ワーク1　昼休み、一人でいる友だちに話しかけるように言ってみよう。

例：今日は暑いね〜

あなた

① 天気の話題で話しかける

② 今日の授業の話題で話しかける

③ 今日の放課後のことを聞く

★他にどんな声のかけ方があるかな……？

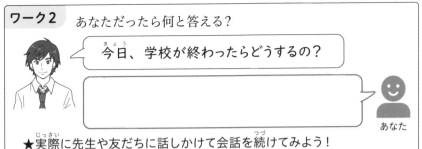

ワーク2　あなただったら何と答える？

今日、学校が終わったらどうするの？

あなた

★実際に先生や友だちに話しかけて会話を続けてみよう！

ワンポイント

今話しかけてほしくない、という友だちがいたら「また今度話そうね」とそっとしておいてあげよう。

ワーク3　わかったこと・気づいたこと

自分のしていることや、もち物に興味をもってもらえると、うれしいよね！

年　　月　　日

ステップ **2** 友だちの話に入っていく

ポイント

友だちの会話を、笑顔で聞いてみよう

友だちが楽しそうに会話をしていると「何を話しているのかな？」と気になりますね。まず自分から近くに行ってみて、話を聞いてみましょう。

ワーク1　あおいさんの立場になって、さくらさんとげんきさんの会話に、入ってみよう。

今日発売になった雑誌だよ。

さくらさん

あ、それ、面白いよね〜！

げんきさん

あ、その雑誌、わたしも大好き。見せてもらってもいい？

あおいさん

★他にどんな声のかけ方があるかな……？

ワーク2　あなただったらどうやって会話に入る？

明日からテストだね。

勉強してる？

あなた

★実際に先生や友だちに話して会話を続けてみよう！

ワンポイント

もし友だちが、たくさんの人には知られたくなさそうな話をしていたら、会話に入っていくのはまた今度にしよう。

ワーク3　わかったこと・気づいたこと

迷惑なんじゃないかな？ って気にしすぎず、一度話しかけてみたらいいね。

ステップ 3　会話で気をつけたいマナー

ポイント

お互いが楽しめることが大事

会話はどちらか一方が話すだけ、聞くだけでは面白くない!　お互いに「楽しい」会話を目指しましょう。

ワーク1　友だちとの会話のマナーで、今自分ができているものに○をしよう。

マナー1：自分の話ばかりしない　　　　　　　　　　　　　　　　　　　　（　　）
マナー2：友だちの話は最後まで聞く　　　　　　　　　　　　　　　　　　（　　）
マナー3：友だちの話をさえぎって話し始めない　　　　　　　　　　　　　（　　）
マナー4：みんなが知っている話題（楽しめる話題）を選んでいる　　　　　（　　）
マナー5：話をしている人のほうをよく見て聞く　　　　　　　　　　　　　（　　）
マナー6：友だちが話しているときは集中して聞く（スマホやゲーム機などを見ない）（　　）

★他にどんなマナーがあるかな?

ワーク2　今日の会話をふり返ってみよう。

○話をした人　　　　　○どんな話をしたか

★声をかけるときの言い方を練習しておこう。
□ ○○さん、今少しいいかな?　　　□ ○○さん、少し話してもいい?

ワーク3　わかったこと・気づいたこと

ワンポイント

いきなり話しかけるのではなく、まず相手の名前を呼びかけてから話そう。
例：「○○さん、
　　あのね……」

好きなことについて話すと止まらないことがあるので、誰か止めて～!

どんな話題にする?
話題の引き出しを増やす

休み時間に、ちょっとした会話を楽しんでみたいけれど
何を話したらよいのかな、と悩んでしまうことはありませんか?
友だちとの会話でどんな「話題」を選んだらよいのかを知り、
相手と共通の話題を見つけて会話を楽しむ練習をしてみましょう。

☑ 「いま」をチェック!

- ☐ 家族と共通の「話題」は多い
- ☐ 友だちと共通の「話題」は多い
- ☐ 1つの話題で会話が5分続く
- ☐ 相手が話しやすい話題を選んでいる

「適切な話題」で
検索してみよう……。

ステップの流れ

ステップ1　話題の選び方を知る
ステップ2　楽しい話題で盛り上がる
ステップ3　知らない話題だったら?

先生・保護者の方へ　指導・支援のポイント

　「友だちとの会話が苦手」という生徒は、「適切な話題を選ぶとよい」ことはわかっても、その「適切な」の判断が難しいものです。あえて聞かなくてもわかっていること(例「明日からテストだね」)、深い意味のないこと(例「今日は暑いよねえ」)でも話題になることに、実際に話をしながら気づかせてあげてください。できればぜひ生徒が話したくなるような話題で声をかけてあげるとよいですね。

声かけの例

△　先生「明日からのテスト勉強、ちゃんとやってる?」
　　生徒「はあ……」(´ 、｀)

○　先生「明日からのテストがんばって!　明日は何の教科があるの?
　　　　　(←具体的な質問)」
　　生徒「英語と数学です(←事実であれば答えやすい)。
　　　　　どちらも苦手なんですけど」(*^^*)

年　　月　　日

ステップ
1 話題の選び方を知る

ポイント

「話題」は生活のなかにある！

「話題」とは、会話のテーマのことです。みなさんはふだんどんなことを話していますか？　学校のこと、最近の出来事、趣味のこと、日々の生活のなかから楽しく話せる話題を探しましょう。

ワーク1　友だちと話したことがある話題に、○をしてみよう。

（　　）授業の話　　　　　　　　　（　　）部活動の話　　　　　（　　）先生の話
（　　）友だちの話　　　　　　　　（　　）塾や習い事の話　　　（　　）家族の話
（　　）好きなもの（こと）の話　　（　　）スポーツの話　　　　（　　）最近の出来事
（　　）面白かったこと　　　　　　（　　）テレビの話　　　　　（　　）芸能人の話
（　　）天気の話　　　　　　　　　（　　）恋愛の話　　　　　　（　　）その他

★話題を2つ選んで、少しくわしく話してみよう。

話題①　（　　　　　　　　　　　）	話題②　（　　　　　　　　　　　）
....	....
....	....

ワーク2　担任の先生と話したい話題は……？

●

●

●

ワンポイント

「自分が話したいこと」だけでなく、相手の人が好きな話題も話してみよう。お互いが楽しく話せる話題が見つかるといいね！

ワーク3　わかったこと・気づいたこと

....

どうしても
鉄道の話題に
なってしまうん
ですよねえ……!!

年　　月　　日

ステップ 2　楽しい話題で盛り上がる

ポイント

盛り上がる話題は身近にある！

「○○って知ってる？」など、何気ない話題から話が盛り上がることがありますね。そこにいるみんなが参加したくなるような、楽しい話題を考えて話してみませんか。

ワーク1　先生や家の人と、好きな話題を選んで話してみよう。

☐ 絶対に食べられない苦手な食べ物について
☐ よく行くコンビニはどこ？
☐ 犬派？　猫派？（ペットの話）
☐ こわい話や不思議な体験
☐ その他：(　　　　　　　　　　　　　　　　　　　　　　　　　　　　)
　　例：もしも宇宙旅行に当選したら、行く？　行かない？

★どれか1つを選んでくわしく話してみよう。

あなた

★みんなからどんな反応があるかな？

| えー、本当？ | なになに？ | すごーい！ | わたしも、わたしも！ |

ワーク2　先生や友だちと同じ話題で5分間盛り上がろう！

ワーク3　わかったこと・気づいたこと

ワンポイント

友だちの話を聞いたら「そうなの？」「すごいね!」などリアクションしてみよう!

同じ話題で盛り上がれると、最高に楽しい！

年　　月　　日

ステップ 3 知らない話題だったら？

ポイント 「その話、教えて！」も話題の一つ

友だち同士で話していることが、知らないことや興味がないことだったりしたら、あなたはどうしますか？ 「何の話？」「教えて」と声をかけてみるのもいいですよ。

ワーク1 まわりの友だちが、あなたの知らない話題や興味がない話題で話していたら、どうする？

☐ にこにこして話を聞いている
☐ 「それって何？」などと質問する
☐ 黙って終わるのを待っている
☐ スマホを見たり他のことをする
☐ 話をさえぎって自分の興味のある話を始める
☐ その場を離れる
☐ その他：(　　　　　　　　　　　　　　)

> ねえねえ、みんな何の話をしているの？

★こんな言い方を練習してみよう。

> 何だか面白そうだね。

> ちょっと一緒に聞いていてもいい？

> わたしにも教えて！

★友だちや先生に興味のある話題について聞いてみよう。

ワーク2 あなたの興味が「ない」話題は……？

☐ 学校行事のこと　　☐ 定期テストのこと　　☐ 部活動のこと
☐ 食べ物のこと　　☐ 本や漫画のこと　　☐ ゲームのこと
☐ その他：(　　　　　　　　　　　　　　　　　　　　　　)
（理由はある？）

★あえて「あまり興味がない」話題で先生や友だちと会話を続けてみよう！

ワーク3 わかったこと・気づいたこと

> 知らない話題にも自分から入っていけば、会話が広がりそう！

63

友だちのこと、知っている？
会話がはずむ質問術

「質問」は「あなたのことを知りたい（教えて）」という働きかけで、お互いの心の距離が縮まる第一歩です。その人の個性や、そのときの状況に応じて、まず気軽に答えられるような質問をしてみましょう。友だちの思いがけない意外な一面を知ったり、あなたとの共通点が見つかったりすると、会話もはずみますよ。

☑ 「いま」をチェック！

- ☐ クラスの友だちの名前がわかる
- ☐ クラスの友だちの趣味や個性をよく知っている
- ☐ 休み時間に、友だちに話しかけられることが多い
- ☐ 休み時間に、友だちに話しかけることが多い

「失礼な質問」が一覧表になっていたらわかりやすいんだけど……。

ステップの流れ

- ステップ1　友だちに質問をする
- ステップ2　「好きなこと」で盛り上がる
- ステップ3　友だちとの共通点を見つける

先生・保護者の方へ　指導・支援のポイント

　「何でも質問していいですよ」と言われても困ってしまう生徒がいます。最初は大人のほうから生徒に対して質問をし、一問一答のQ＆Aから少しずつ会話につなげていきましょう。まずは生徒の「好きなこと」について質問して楽しくたくさん話せるようになるとよいでしょう（ただし一方的に生徒だけが話す形にならないように）。また、個人情報に関わる質問は避けたほうがよい（例：年齢や家庭の事情に関すること）などの会話のマナーについても、その理由を伝えて気づける機会を作りましょう。

声かけの例

　　生徒「先生は何歳ですか？」

△　先生「そんな質問は相手に失礼になるからダメ」”(–“”–)”

○　先生「お！　急に年齢を聞かれるとちょっとびっくりしちゃうな。年齢などプライベートなことは教えたくない人もいるから（←理由を説明）、もう少し答えやすいことを聞いてほしいな。たとえば好きな動物とかどう？（←具体例をあげる）」(*^^*)

年　　　月　　　日

ステップ 1　友だちに質問をする

ポイント

「質問」が会話を広げる

友だちはどんなことが好きなのかな？　どんなことを考えているのかな？　質問は「あなたのことを知りたい」というサインで、仲よくなるきっかけになりますよ。

ワーク1　隣の席に座ったさくらさんに、質問をしてみよう（好感度UPを心がけよう！）。

① さくらさんは、いつもどんなテレビ番組を見ているの？

② さくらさん、部活動は何に入っているの？

③ さくらさん、毎日どのくらい勉強している？

さくらさん

★聞いてみたい質問を考えよう。

あなた

ワーク2　あなたは？　ワーク1の①〜③の質問に答えよう。

①

②

③

★先生や友だちにいろいろな質問をして会話を楽しもう！

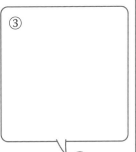
あなた

ワンポイント

質問攻めにしてしまうのではなく交互に話そう。相手が答えに困っていたり、いやそうな顔をしていたら質問は、しつこく聞かないこと！

ワーク3　わかったこと・気づいたこと

質問ばっかりだとインタビューみたいになっちゃって、バランスが難しいです。

年　　　月　　　日

「好きなこと」で盛り上がる

ポイント

「好きなこと」はたくさん話したい！

まだ親しくない友だちでも「好きなこと」なら自分らしく、たくさん話せそうな気がしませんか？
友だちの好きなことや趣味を聞きながら、会話を広げていきましょう。

ワーク1

休み時間、隣の席のさくらさんの好きなことを聞いてみよう。

> さくらさんは、何をするのが好きなの？

あなた

> 私はマンガを読むことが大好き！
> 〇〇さん（あなた）は、何が好きなの？？

さくらさん

あなた

> へえ、そうなんだ〜！　今度もっとくわしく教えて！

★ほかにどんな「好き」があるかな？　自分の「好き」から話してみてもいいね。

- ☐ 好きな芸能人　　☐ 好きな教科　　　　☐ 好きなテレビ番組　　☐「はまっている」もの
- ☐ 集めているもの　☐ 好きな食べ物やお菓子　☐ 好きな先生　　　　☐ 好きなスポーツ

……他には？

ワーク2

先生や友だちの「好きなもの」を聞いて会話を続けよう！

★次のことも聞いてみよう。
- ☐ 好きになったきっかけは？

ワンポイント

相手の好きなものに興味がなくても、はじめは「どんなものなの？」など教えてもらおう！

ワーク3　わかったこと・気づいたこと

> 好きなことを話すのは恥ずかしいと思っていたけど、本当は聞いてほしかったの！

年　　月　　日

ステップ 3 友だちとの共通点を見つける

ポイント

「共通点」は、心の距離を縮める！

「同じ食べ物が好き（おいしいよね～！）」「同じマンガを読んでいる（もう続き読んだ～？）」など、共通点は一気に心の距離を縮めてくれます。会話のなかで共通点を見つけましょう。

ワーク1　なおとさんが放課後、あなたが大好きなお菓子を食べている！　くわしく話してみよう。

なおとさん

最近このお菓子にはまっています。もぐもぐ……。

あ、それおいしいんだよね～!!
→（あなたが）好きなお菓子について会話を続けよう。

あなた

ぼくと一緒ですね？　飲み物は何が好きですか？

→（会話がつながった！）あなたの好きな飲み物について話そう。

あなた

ワーク2　友だちや先生に質問をして共通点を2つ見つけよう！

共通点①

共通点②

ワンポイント

共通点は「ぴったり同じ」でなくても、「似ているところ」でもいいね。

ワーク3　わかったこと・気づいたこと

友だちと共通点が見つかると、「オレも、オレもー!!」ってテンションが上がるよね！

スキル 14

人との関わり

言えているかな？
お礼やおわび、頼みごと

ちょっとしたことでも「ありがとう（感謝、お礼）」、
「ごめんなさい（謝罪、おわび）」はなるべく言葉にして伝えていきましょう。
「わざわざ言うほどのことではない」と思うようなことであっても、
「ありがとう」「ごめんなさい」の一言はお互いの心を軽くします。
人にお願いをするときや、頼みごとを断るときなどにも使えますよ。

☑ 「いま」をチェック！

- ☐ 「ありがとう」「ごめんなさい」は自分から言っている
- ☐ 友だちに何か頼みごとをしたことがある
- ☐ 友だちに何か頼みごとをされたことがある
- ☐ 友だちの頼みごとを断ったことがある

自分は悪いと
思っていないのに、
謝りたくないよね。
それで余計に
注意されるけど……。

ステップの流れ

ステップ 1	「ありがとう」「ごめんなさい」を伝える
ステップ 2	頼みごとをする
ステップ 3	頼まれたことを断る

先生・保護者の方へ　指導・支援のポイント

　「ありがとう」「ごめんなさい」は、お礼（感謝）や謝罪（おわび）の気持ちを伝える言葉なので、大事な場面で言えない（出てこない）と、信頼を失ってしまう可能性があることを伝えましょう。また、お礼や謝罪の気持ちを言葉に出して交換したときの気持ちよさを味わえるような体験を作ってあげましょう。先生や保護者の方からも「ありがとう」「ごめんなさい」をなるべく生徒に言葉で伝えてあげてください。

声かけの例

　生徒「先生、部活の顧問の先生からプリントを預かってきました」

△　先生「あ、それね。そこに置いておいて」→生徒「あ、はい……」"(-"”-)"

○　[先生「〇〇さん（←名前を呼ぶ）、わざわざありがとう（←お礼）。
　　持ってきてくれてとても助かっちゃったよ。顧問の先生にも
　　お礼を伝えておいてくれる？」→生徒「はい！」(*^^*)]

年	月	日

ステップ 1

「ありがとう」「ごめんなさい」を伝える

ポイント

気持ちとセットで伝える

「ありがとう」「ごめんなさい（すみません）」は、言葉だけでなく「気持ちを込めて伝える」ことが大切です。大事な場面ほど、表情や声のトーンもくふうしましょう。

ワーク1

①〜④の「ありがとう」「ごめんなさい」を気持ちが伝わるように言ってみよう。

まなぶさん

① （ペンを貸してもらった友だちに）
どうもありがとう！

どういたしまして。

あおいさん

なおとさん

② （相談にのってくれた先生に）
どうもありがとうございました！

③ （廊下でぶつかってしまった友だちに）
ごめんなさい！

大丈夫、大丈夫。

④ （待ち合わせで30分待たせてしまった友だちに）
本当にごめんなさいっ！

ワーク2

「ありがとう」や「ごめんなさい」を伝えてみよう。

☐ 友だちがかさを貸してくれたとき
☐ 友だちに借りたかさを家に忘れてしまったとき
☐ 友だちが部活の試合の応援に来てくれたとき
☐ 友だちに間違ったテスト範囲を伝えてしまったとき

★他にも考えてみよう。

ワンポイント

遅刻した、約束を忘れたなど、もし相手に迷惑をかけてしまった場合は、その理由についても伝えましょう。何より誠実な気持ちが大事です！

ワーク3

わかったこと・気づいたこと

先生に謝るときに、笑っていたら、さらに怒られちゃったよ……！

69

年　　月　　日

ステップ2　頼みごとをする

ポイント

「お互いさま」の気持ちで

自分一人では難しいこともたくさんあります。困ったときは、家族や友だちに頼みごとをしてみましょう。助けてもらったり、助けたりはお互いさまですよ!

ワーク1　まなぶさん、さくらさんの気持ちになって「頼みごと」「お願い」をしてみよう。

まなぶさん

国語のノートを見せてくれないかな?
黒板が消されてしまって最後まで書けなかったんだ。

ぼくのでよければ、どうぞ!

なおとさん

どうもありがとう!

さくらさん

今日の掃除当番、代わってもらってもいいかな?
部活の練習試合が入ってしまって……!

うんいいよ。明日と交代しよう。

あおいさん

助かる!　ありがとう!

ワーク2　友だちに明日の日直を代わってもらいたいときは何と言う?

あなた

（歯医者さんに行くため）

★次のことも頼んでみよう。
- □（家族に）明日の夕食はカレーにしてほしい
- □（友だちに）大雨だけどかさを忘れてしまったのでかさに入れてほしい

ワンポイント

自分の都合だけで頼むのではなく、お願いしたい理由があることを伝えよう。助けてくれた友だちにはいつかお返しをしよう。

ワーク3　わかったこと・気づいたこと

友だちにお願いするのが苦手で、つい「わたしがやるよ」って言っちゃう。

年　　月　　日

頼まれたことを断わる

ポイント

できないことは、断ってもよい

友だちの力になりたい気持ちがあっても、それが無理な場合には理由を伝えて断りましょう。「うーん……」「大丈夫かも」など、あいまいに答えると、相手は「いいよ」だと受け取ってしまうこともあるので注意しましょうね!

ワーク1　さくらさんの誘いを断わってみよう。

さくらさん

> 今日の放課後、一緒にテスト勉強しない？

> ごめん、今日は塾があるから行けないんだ。
>
> ★どれか付け加えよう。
> □ また今度一緒にやろう　　□ 明日だったらどう？
> □ 声をかけてくれてありがとう　□ その他：

さくらさん

> わかった、塾もがんばってね!

ワーク2　よくないと思う誘いやお願いは、しっかりと断わりたいもの。友だちからの誘いや頼みごとを断ってみよう!

● 「次の体育の時間、ちょっとさぼっちゃおうよ」と誘われた。

あなた

● 「買いたいものがあるから、1,000円貸してほしい」と言われた。

あなた

ワンポイント

あいまいな返事は誤解されるので気をつけて。また用事があって残念ながら遊びの誘いを断るときには「誘ってくれてありがとう」「また誘ってね」と伝えられると次につながるね!

ワーク3　わかったこと・気づいたこと

> 一度誘いを断ったらもう誘ってもらえないと思っていたけど、そうじゃないんですね。

71

── 人との関わり ──

気をつけているかな？
言葉の選び方

言葉1つで人の気持ちを元気にできることもあれば、傷つけてしまうこともあります。会話のなかでは「自分が言いたいことを言う」だけでなく、「言われた相手はどう感じるか」を想像することが大切です。
ネガティブ（悪いほうにとらえる）な言葉より、ポジティブな（よいほうにとらえる）言葉を使うほうが、お互いが気持ちよく話せますよ。

 「いま」をチェック！

☐ ものごとをプラスの（よい）ほうに考えやすい

☐ ものごとをマイナスの（悪い）ほうに考えやすい

☐ 感情的に話してしまうことがある

☐ 思いやりの気持ちをもって話している

> ネガティブなことを考え始めると、ネガティブな言葉がどんどん出てきて止まらないんです……。

ステップの流れ

ステップ1 「ポジティブな言葉」で話す

ステップ2 「ネガティブな言葉」に注意する

ステップ3 思いやりのある言葉を使う

先生・保護者の方へ 指導・支援のポイント

　会話のなかでよくない言葉を多用してしまう生徒の多くは、語彙が多くなく、長文で話すことが苦手です。話しかけられても「面倒くさい」「どうでもいい」など一言ですませがちで、日常生活のストレスを感情のままにぶつけてしまうこともあります。会話のなかの気になる言葉は、本人が誰かに言われている言葉かもしれません。本人の気持ちに寄り添い「こんなふうに伝えたらどう？」「こんな考え方もあるね」など言葉の選択肢を広げてあげましょう。

声かけの例

生徒「いろいろ面倒くさくて学校に来たくないです」

△ 先生「『面倒くさい』だけでは、誰もわかってくれないよ」
　生徒「……」

○ ［先生「今、学校に来たくない気持ちなんだね（←受け入れ、くり返す）。面倒くさい気持ちの理由をもう少しくわしく教えてくれるかな。先週のテストはすごくがんばっていたよね」
　　生徒「あ、はい、テストはよかったんです。実は英語のことで……」］

ステップ 1 「ポジティブな言葉」で話す

ポイント

「言葉」は人を元気にする！

「ポジティブ」とは、「よい方向にとらえる」「プラスに考える」という意味です。会話のなかでも「元気になる言葉」「うれしい言葉」をたくさん使って話しましょう。

ワーク1 掃除当番のげんきさんに同じ班の仲間からポジティブな言葉で声をかけよう。

げんきさん

> 今日の掃除当番、面倒だな〜。早く帰りたい！

> げんきさんが同じ班だからみんな助かっているよ！
> さくらさん

> みんなで早めに終わらせましょう！
> まなぶさん

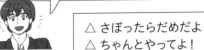

△ さぼったらだめだよ
△ ちゃんとやってよ！

あなた

> （あなたからもポジティブな言葉で声をかけよう。）

ワーク2 あなたが言われてうれしい言葉を、先生や友だちに言ってみよう。

★他にもポジティブな声かけをしてみよう。
- □ いつも応援しているよ！
- □ 一緒にいると楽しいよ
- □ あなたと話していると楽しい
- □ いつも声をかけてくれてありがとう

仲のよい友だちに言ってあげたいポジティブな言葉は？
（　　　　　　　　　　　　　　　　　　　　　　　）

ワンポイント

元気な言葉、明るい言葉、優しい言葉、落ち着く言葉……相手の気持ちを想像してプラスになるような言葉を選ぼう。

> ポジティブな言葉を使うようにしたら、自分も明るい気持ちになってきました。

ワーク3 わかったこと・気づいたこと

....

73

ステップ 2 「ネガティブな言葉」に注意する

ポイント

「言葉」で人が傷つくこともある

「みんなが使っているから」「ちょっと面白そうだから」という理由で、人をいやな気持ちにさせる言葉を使っていませんか？　「ウザイ」「キモイ」に代表されるような深い意味がないのに人を傷つけるネガティブな言葉は、使わないようにしましょう。

ワーク1

家の人から「勉強しなさい」と言われてネガティブな言葉で返したげんきさん。さくらさんのように、もっとよい伝え方に言い換えてみよう。

げんきさん

うるさいなー、わかってるってば！！

さくらさん

ちゃんとやるから
大丈夫 (*^−^*)。

あなた

◆気をつけたいこと（できているものにチェックをつけよう）

☐ 自分が言われていやな言葉は使わない
☐ ネットやSNSではやっている言葉をそのまま使わない（意味をよく考えてから使う）
☐ 友だちを相手がいやがるニックネームで呼ばない
☐ その他気をつけていること（　　　　　　　　　　　　　　　　　　）

「容姿に関すること」
「性差に関すること」
を表す言葉にも注意が必要です。

ワーク2

ここだけの話……言われていやだった言葉、思わず人に言ってしまって後悔している言葉ややりとりについて、先生や友だちに話してみよう。

★もしもいやな言葉を言われたら我慢せずこんなふうに伝えてみよう。
★他にどんな言い方があるかな？

そういう言い方は、
いやだからやめてほしいな。

あおいさん

ワーク3 わかったこと・気づいたこと

つい見たままのことを言って怒られる…。悪気はないんだけど、ごめんなさい。

年　　　月　　　日

ステップ 3　思いやりのある言葉を使う

ポイント　「思いやり」とは人を気づかう優しい気持ちのこと

心のなかに優しい気持ちがあったとしても、言葉や態度で表現しないと伝わりません。困っている人、元気のない友だちや家族に、あなたから優しい声をかけてあげましょう。

ワーク1　元気がないまなぶさんに、さくらさんを参考にして声をかけてあげよう。

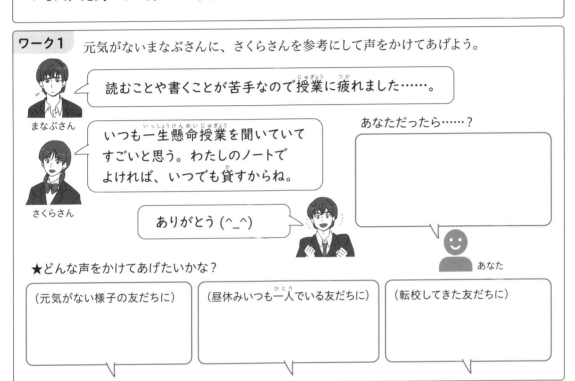

まなぶさん
> 読むことや書くことが苦手なので授業に疲れました……。

さくらさん
> いつも一生懸命授業を聞いていてすごいと思う。わたしのノートでよければ、いつでも貸すからね。

> ありがとう (^_^)

あなただったら……？

あなた

★どんな声をかけてあげたいかな？

（元気がない様子の友だちに）

（昼休みいつも一人でいる友だちに）

（転校してきた友だちに）

ワーク2　家族や身近な友だちに、思いやりの言葉をかけてみよう。

例：（家族に）いつもありがとう　最近疲れていない？

誰に：

あなた

ワンポイント

相手が答えなかったり話したくなさそうなときは「またいつでも話してね」と待ってあげよう。

ワーク3　わかったこと・気づいたこと

落ち込んでいるとき、特に言葉がなくても友だちがさりげなく一緒にいてくれるだけでホッとしますね。

人との関わり

いろいろな意見があっていい?
話し合いを進める

グループやクラスの話し合いで「司会」をしたことはありますか?
友だち同士で意見が対立してしまったらどうしたらよいでしょうか。
人はそれぞれの考え方があり、話し合いをするといろいろな意見が出てきます。
対立したりケンカをしたりするのではなく、お互いが「目的」のために
よいアイデアを出せる話し合いを目指しましょう。
※スキル5「意見の伝え方」を復習しましょう!

☑ 「いま」をチェック!

- ☐ 話し合いで司会をしたことがある
- ☐ 友だちと意見が対立して困ったことがある
- ☐ 意見が多いほうに賛成しやすい
- ☐ 違うと思ったことは、とことん主張する

要するに話し合いには
「正解」が
ないのですね……。
それは困りました……。

ステップの
流れ

ステップ1 話し合いの司会をする
ステップ2 意見が合わなかったら?
ステップ3 複数の意見をまとめる

先生・保護者の方へ 指導・支援のポイント

　おとなしく控えめな生徒は、話し合いで意見を出し合うことや、対立することは苦手なことが多いでしょう。「苦手だからやらない」「話し合いではいつも黙っている」のではなく、話し合いの目的や手順をあらかじめ決めておいて、チャレンジできる機会を作ってあげましょう。人にはそれぞれの考え方があること、話し合いに「正解」はなくさまざまな意見が出ることによって「よりよい」アイデアや結論につながることに気づけるように支援します。

　声かけの例

　　生徒「司会なんて私には無理です」
△　先生「やってみなきゃわからないから、思い切ってやってみたら?」
　　生徒(不安……)
○　[先生「司会ってすごく緊張するけれど、手順を決めるから
　　　　　　先生と一緒にやってみよう」
　　生徒(それならできるかな……)]

年　　月　　日

ステップ 1 話し合いの司会をする

ポイント

「司会」は2つの役割を担う

① 進行：話し合いのテーマを伝え、時間内に意見をまとめたり決定したりします。
② 意見を引き出す：全体を見て、参加者から意見を引き出します。

ワーク1　司会をやってみよう。

司会：あなた

> 来月のクラスレクについて話し合います！
> みんなで楽しめるレクは、何がいいでしょうか？

> バスケがいいと思いまーす！！

げんきさん

> クイズ大会はどうでしょう？

なおとさん

> みなさんにおまかせします。

あおいさん

> ……。

まなぶさん

★あおいさんにもう一言声をかけるとしたら？

★話していないまなぶさんにも聞いてみよう。

あなた

ワーク2　アイデアが出たらまとめよう。

あなた

> みなさんありがとうございます。たくさんいいアイデアが出てきましたね。

> そろそろ時間なので決めたいと思いますが、どんな方法で決めたらよいでしょうか？

★決め方
　□ 多数決　　□ くじびき　　□ じゃんけん　　□ その他：

ワンポイント

意見が出てこない人は無理に聞き出さず、少し待ってあげよう。

ワーク3　わかったこと・気づいたこと

司会が話し過ぎるより、みんなが意見を言いやすい雰囲気づくりをすることが大事ですね。

年　　月　　日

ステップ 2　意見が合わなかったら？

ポイント

お互いの意見のいいところを見つける！

意見を主張し合うことで、ときには対立することも。それぞれの人に理由を聞いたり、他の人の意見も聞いたりしながら、よりよいアイデアにつなげましょう。

ワーク1　話し合いの場面で意見が対立してしまった！

レクはスポーツで決まり♪
げんきさん

運動は苦手な人もいるから、絶対に反対です！
なおとさん

★司会のあなたから、何て声をかける？

あなた

どうしてスポーツがいいの？
（理由を聞く）

なおとさんは何がやりたいの？
（アイデアを聞く）

他に意見がある人はいますか？
（他の人の意見も聞く）

ワーク2　普段の会話のなかで考えてみよう。

一緒に映画に行くさくらさんと、あおいさん、意見が合いません。

アイドルが出る恋愛映画がいいな〜。
さくらさん

アニメがいいな〜。
あおいさん

★あなたが一緒だったらどうする？　希望を言って提案してみよう。

あなた

★次の言い方でも伝えてみよう。

□ どちらも見たいけれど、アニメは今週までだからアニメにしない？
□ いつもアニメばかりだけど、恋愛映画にもチャレンジしてみようかな？

ワンポイント

司会はいつも中立の立場。両者の意見を聞いてみよう。友だち同士の会話でも相手の意見のいいところを見つけよう。

ワーク3　わかったこと・気づいたこと

対立するほど自分の意見を主張できる人って、それだけ一生懸命なんですね。

78

年　　月　　日

ステップ 3　複数の意見をまとめる

ポイント

意見がたくさん出るのは、よい話し合い

複数の意見から新しいアイデアが生まれることもあります。ときには意見を譲ったり妥協したりしながら、よりよい話し合いをしていきましょう。

ワーク1　文化祭の出し物について、みんなの意見をまとめてみよう。

思い出に残るような劇をやろう。

げんきさん

劇より合唱のほうがいいと思う。

あおいさん

喫茶店がやりたいな。

さくらさん

こわいお化け屋敷なんてどうでしょう。

なおとさん

★あなたが意見をまとめよう!

あなた

例：・それぞれに理由を聞く
・もう少しくわしい話を聞く
・昨年のことを調べたり、他のクラスの情報を聞く
・よいところ、難しいところを整理する

ワーク2　ふだんの会話のなかで考えてみよう。

みんなでランチに行こう。

何でもいいです。

まなぶさん

ラーメン!

パスタ!

ハンバーガー!

★あなたも自分の希望を言って提案しよう。

あなた

ワンポイント

お互いの意見を「それ、いいね!」「おもしろそう!」などポジティブに受け入れるとアイデアが広がっていくよ。

ワーク3　わかったこと・気づいたこと

クラスの文化祭の出し物は「お化けのミュージカル喫茶」になり、大成功だったよ (*^^*)

79

人との関わり

どんなふうに話したらいい？
先生、先輩との話し方

学校には、同級生以外にもみなさんを応援してくれる先生方や
先輩、後輩など年齢の違う人たちもたくさんいます。
授業以外の場面でも先生や先輩と話すことで、いろいろな考え方を
知ることができます。「先生だから」「先輩だから」とためらわず、
思い切って話しかけてみましょう。

☑ 「いま」をチェック！

- □ 職員室に入ったことがある
- □ 担任の先生に自分から話しかけている
- □ 何でも話せる先輩がいる（いた）
- □ 後輩から話しかけられることが多い

担任の先生が
何だかこわそうに
見えちゃって、一人では
話しづらいなあ……。

ステップの
流れ

ステップ1　先生とコミュニケーションをとる
ステップ2　先輩とコミュニケーションをとる
ステップ3　後輩とコミュニケーションをとる

先生・保護者の方へ　指導・支援のポイント

　「先生に話しかけるのに勇気が必要で、なかなか相談に行けない」という生徒はよくいます。反対に「同級生との対等な会話より、先生と生徒という関係性がはっきりしているほうが話しやすい」と感じる生徒もいます。先生や先輩に対し、「ヘンなことを言ってしまったらどうしよう」「叱られたらどうしよう」と不安になっている生徒には、「思い切って話しかけてみる」練習が自信につながります。最初の声かけの仕方から支援してあげてください。

声かけの例

　　生徒「……」（黙って立っている）
△　先生「どうしたの？　何か用事があるから来たんじゃないの」（←かたい表情）
　　生徒「いや、何でもないです……」（←叱られた、と感じる）

○　　先生「何か話があって来てくれたのかな。ゆっくりでいいから話してみて」
　　　　（←優しい表情）
　　　生徒「あの、実は来週の修学旅行で……」（←話してもいい、と感じる）

年　　　月　　　日

ステップ 1　先生とコミュニケーションをとる

ポイント

日ごろから相談しやすい関係を作ろう

先生たちはあなたの学校生活の応援団！　授業や友だち関係のことなど困ったときに相談できる関係になれるとよいですね。「自分からあいさつ」「ていねいな言葉づかい」を忘れずに。

ワーク1　職員室に行って、先生に期末テストの日程を聞こう。

> あなた：（ノックして職員室に入る）
> 失礼します。（　　　）年（　　　）組の（　　　　　　　）です。

> あなた：（担任の先生のところに行く）
> （　　　　　　　）先生、質問があるのですが、
> 今お時間よろしいでしょうか？

> 先生：はい、こんにちは。何でもどうぞ。

> あなた：（期末テストの日程を聞こう）

ワーク2

あなたが話しやすいと思う先生はどんな先生？

先生に話してみたいこと、聞いてみたいことは？

★実際に先生に最近の出来事を報告してみよう！

ワンポイント

先生は友だちとは違いますが、あなたの味方です。まずあなたのことを知ってもらって、何でも話してみよう！

先生方の顔と名前を覚えることから始めよう。教科のノートに名前を書いておくといいね。

ワーク3　わかったこと・気づいたこと

81

年　　月　　日

ステップ2 先輩とコミュニケーションをとる

ポイント

はじめはていねい語で話そう

委員会や生徒会、部活動など…校内にはいろいろな先輩がいますね。頼りになる先輩方との関係を大切にし、ていねい語で話しかけてみましょう。

ワーク1 あなたが今2年生だとして、3年生の部活動の先輩に話しかけてみよう。

あなた：○○先輩、今日の練習はどこで行いますか？

先輩：今日は体育館だよ。

あなた：はい、わかりました！　1年生に伝えます。ありがとうございました。

先輩：よろしくね〜！

★先輩に今の部活動でもっと上達できるためのアドバイスをもらってみよう。

あなた：

ワーク2 先輩に伝えてみよう。

あなた：（明日の部活動を休む）

（顧問の先生が職員室で先輩を呼んでいる）

★あなたの先輩にはどんな人がいる？　先輩との関わりについて先生や友だちに話してみよう。

ワンポイント

先輩は頼りになる存在！　でもいつも先輩の言うことが絶対とは限りません。
関わりに迷うことがあったら先生に相談しよう。

ワーク3 わかったこと・気づいたこと

同じ部活の先輩に、進路や勉強についても相談にのってもらってうれしかったです。

年　　　月　　　日

後輩とコミュニケーションをとる

ポイント

後輩には、自分から声をかけよう

自分が後輩だったとき、先輩からかけてもらってうれしかったのはどんな言葉ですか？「わからないことはある？」「何でも聞いてね」など、積極的に声をかけてあげましょう。

ワーク1

部活動に入部してきた1年生の田中さんと話そう。

あなた

田中さん、今日からよろしくね。

1年1組の田中です。よろしくお願いします。（ドキドキ）

田中さん

わからないことがあったら、何でも聞いてね!

はい!!　ありがとうございます (*^^*)

★後輩に学校生活を楽しむためのアドバイスをしてみよう!

あなた

ワーク2

これまでに先輩から言われてうれしかった言葉は？

あなた

★あなたも先輩をまねして、後輩に伝えてみよう。

★次のことについても話そう。
　□ どんな後輩がいるか　　□ 後輩と仲よくなるためのコツ
　□ その他先輩・後輩関係で悩むこと

ワンポイント

先輩だからといって、後輩より「えらい」わけではありません。指示を出すときも強い命令口調にならないように注意しよう。後輩を大切にね!

ワーク3

わかったこと・気づいたこと

ぼくは後輩にもていねい語で話す派ですね。後輩はかわいいものです。

人との関わり

できているかな？
「報告」「連絡」「相談」

「報告」「連絡」「相談」は社会に出てから重要になるものですが、みなさんのふだんの会話のなかでも活用できます。「報告」は状況を伝えること、「連絡」は決定事項やお知らせを伝えること、「相談」は困ったことを一緒に考えてもらうことです。コミュニケーションの基本でもある「ホウレンソウ（報連相）」を練習しましょう。

☑ 「いま」をチェック！

- ☐ 家族に学校での出来事を報告している
- ☐ 先輩や先生に頼まれたことの結果は必ず報告している
- ☐ クラス全体に大事な連絡事項を伝えたことがある
- ☐ 悩みごとを相談したことがある

「報告」も「連絡」も「相談」もすべて苦手です……。何から話したらいいのか……。

ステップの流れ

- ステップ1 「報告」をする
- ステップ2 「連絡」をする
- ステップ3 「相談」をする

先生・保護者の方へ 指導・支援のポイント

　大切なのは「報告」「連絡」「相談」を明確に使い分けることが目的ではなく、日常生活のなかで「大事なことを伝えたり、相談したりできるようになる」ことです。「報告の場面」「連絡の場面」と場面設定を限定して「どのように伝えたらよいか」「何を話したらよいか」を考え、話す練習をしましょう。先生や保護者の方がお手本を示したり、「こんなふうに言ってみたら」「こういう言葉を使うといいよ」など具体的に教えてあげたりしてください。

声かけの例

　　生徒「中間テストは、まあまあでした」

　△　先生「『まあまあ』じゃわからないから、もっとくわしく教えてほしいな」

　◯　[先生「お、今回は『まあまあ』だったんだね。（←受け入れる）一番
　　　　点数がよかった教科は何だった？（←具体的な質問をする）」]

年　　月　　日

ステップ 1　「報告」をする

ポイント

「報告」とは、先生や先輩へ状況を伝えること

報告とは、「こんな状況です」と今起きていることや大事なことを知らせたり、任されたことの進み具合を伝えたりすること。「誰かがけがをした」「提出物を忘れた」など、よくないことほど早く報告しましょう。

ワーク1　なおとさん、まなぶさんの報告を同じようにしてみよう。

先生、廊下の窓にひびが入っていて、教室に雨が入ってきます。

なおとさん

先生、修学旅行の申込書を家に忘れてきてしまいました……。

まなぶさん

定期テストの報告は、①と②どちらがよくわかるかな？　よいと思う方法で、あなたも報告してみよう。

① □ まあまあがんばったので、だいたいよくできました。

あなた

② □ 今回は過去最高の点数でした。特に英語が86点、国語が84点でどちらも平均点以上でした。

ワーク2　あなたから報告をしてみよう。

（今いる教室の様子・状況）

あなた

（今日受けた授業の内容）

★その他：（先生から聞かれたことを報告しよう）

ワンポイント

・大事なことから伝える
・事実をはっきり伝える
・具体的に（名前や数字など）伝える
・事実と感想は分ける

ワーク3　わかったこと・気づいたこと

順番に細かく報告した結果、大事な結論が一番最後になってしまうことがあります。

85

年　　月　　日

ステップ 2 「連絡」をする

ポイント

「連絡」とは、決まったことやお知らせを伝えること

大事な連絡は、必要な人全員に知らせなければなりません。みんなが聞き取りやすく、わかりやすいように、情報を整理して伝えましょう。

ワーク1　保健委員のさくらさんからの連絡を①〜⑤の順で同じように伝えてみよう。

さくらさん

① 保健委員から連絡します。（みんなに注目してもらう）

② 来週から「健康チェックカード」が新しくなります。

③ 登校したらチェックカードに体温と体調を記入して、朝の会で保健委員に提出してください。

④ 何か質問はありませんか？

古いカードはどうしますか？

なおとさん

⑤ 今日の帰りに集めます (^^)

ワーク2　先生や友だちに明日の持ち物を連絡してみよう。

😊
あなた

★今週聞いた大事な連絡事項を思い出して書いてみよう。
- ☐ 担任の先生から：
- ☐ 部活の連絡：
- ☐ 家族からの連絡：

ワンポイント

- ・全員に聞こえるように話す
- ・複数の内容がある場合は区切って伝える（メモをとりやすいように）
- ・大事なことはくり返す
- ・質問がないか確認する

ワーク3　わかったこと・気づいたこと

連絡事項を忘れちゃうことが多いから、手帳にメモをとるようにしています。

年　　　月　　　日

<table>
</table>

ステップ **3**　「相談」をする

ポイント　「相談」とは、困っていることについて一緒に考えてもらうこと

悩んでいることや困っていることは、早めに信頼できる人に相談しましょう。自分一人で考えるより、よいアイデアが浮かぶかもしれません！

ワーク１　なおとさん、あおいさんと同じように、友だちや先生に相談してみよう。

日直の１分間スピーチのテーマ、毎回悩むんだけど、何かないかな？

なおとさん

「夏休みの思い出」なんてどうかな？

まなぶさん

（担任の先生に）
部活動のことで悩んでいることがあるのですが、相談にのっていただいてもいいですか？

あおいさん

★苦手な教科の勉強方法について、あなたも先生に相談してみよう。

あなた

ワーク２　あなたも自分のことについて先生や友だちに相談してみよう。

あなた

★たとえば……
　□ 友だち関係について　　□ 卒業後の進路について
　□ 部活動について　　　　□ その他：

ワンポイント

「こんなこと、相談してもいいのかな?」と思うことでも、思い切って話してみよう。わかってくれる人がきっといるはずです。

ワーク３　わかったこと・気づいたこと

自分のことは自分で決めるべきだと思っていたけれど、友だちからのアドバイスは「目からウロコ」でした！

スキル 19

人との関わり

安全に使っている？

SNSのコミュニケーション

SNS（ソーシャル・ネットワーキング・サービス）は、インターネットを使ったコミュニケーションサービスです。あなたは使っていますか？
SNSは、誰とでも気軽にやりとりができ、写真や動画なども簡単に投稿できて便利な一方で、危険な側面もあります。
安全な使い方をするために必要なことを考えていきましょう。

☑ 「いま」をチェック！

- ☐ SNSで家族・友だちとやりとりをしている
- ☐ SNSでグループを作ってやりとりしている
- ☐ SNSでいろいろな人の投稿をよく見ている
- ☐ SNSに投稿し、情報発信・交換している

アイドルのファン同士で情報交換して盛り上がっているけど、どんな人たちなのかは知りません……。

ステップの流れ

ステップ1	友だちとのSNSでのコミュニケーションのコツ
ステップ2	グループでのやりとりを楽しむ
ステップ3	写真や動画の投稿で注意すること

先生・保護者の方へ　指導・支援のポイント

　SNS、特に生徒がスマホなどで日常的に使っているコミュニケーションサービスについて考えましょう。本人も気がつかないうちにトラブルに巻き込まれることもあるので、生徒にもそのリスクを具体的に伝える必要があります。SNSの利用についてはご家庭でのルールを決めておき、何かあったときにはすぐ大人に相談できる関係を作っておきましょう。以下についても説明しておく必要があります。

- ○アカウント：SNSなどを利用するために必要な「会員登録」のようなもの
- ○ID（アイディー）：個人を識別する「名前」のようなもの
- ○PW（パスワード）：利用する際に必要な「暗証番号」のようなもの

> 個人情報に関わる重要な用語の意味から確認し、安易に教えないように伝えましょう。

声かけの例

　子ども「知らない人からメッセージが来て、コンサートに誘われたよ」

△　保護者「何で知らない人とやりとりしているの？　危ないからスマホは禁止です！」

○　[保護者「そのメールだけ見せてもらっていい？　どうしたらいいか一緒に考えよう」]

※ただ禁止するだけでは解決になりません。何が危険なのかを具体的に伝え、スマホとのつき合い方を一緒に考えてあげましょう。

年	月	日

ステップ 1　友だちとの SNS でのコミュニケーションのコツ

ポイント

ＳＮＳは「うまく伝わらない」ことも多い

ＳＮＳでのやりとりは、直接のコミュニケーションと比べると、言いたいことや気持ちがうまく伝わらないことがあります。相手の立場に立って読み返してから送ることが大切です。

ワーク1　仲のよい友だちとのやりとり、あなたは何と返信する？

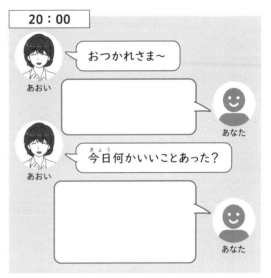

ワーク2　どのように伝えたらよいか考えて書こう。

家の人に：部活で帰りが18：00過ぎることを伝える。

あなた

友だちに：今日は熱があるので学校を休むことを伝える。

あなた

★ＳＮＳはどんなところが便利？

注意したいこと

- □ 人の悪口やウソの情報は送らない
- □ 長すぎる文章は送らない
- □ 返事がこなくても何度も送らない
- □ 早朝や夜間は送らない

★文字だけのやりとりは思ったより強く伝わるので誤解につながることも！

ワーク3　わかったこと・気づいたこと

落ち込んだときに
思いやりのある温かい
メッセージをもらうと
うれしいよね。

89

年　　　月　　　日

ステップ 2　グループでのやりとりを楽しむ

ポイント

上手な使い方は友だち関係を深める

心のこもったメッセージを送り合うことで友だちを応援したり、はげましたりすることもできます。ＳＮＳだからこそ、そっと相手に寄り添うこともできますね。使い方次第で友だち関係が深まりますよ。

ワーク1　グループのやりとりに参加しよう。

★キャラクターでメッセージを伝えることもできるね。

・次のメッセージをイラストで伝えてみよう。

がんばって！	感激！

ワーク2

先生や友だちとのＳＮＳでのグループコミュニケーションで、うれしかったこと、困ったことなどの体験を話してみよう。どうすればよかったかも考えよう。

- ☐ ふだん、どんなグループでのやりとりを楽しんでいる？
- ☐ グループの一人が仲間はずれにされていたらどうする？
- ☐ 友だち同士が言い合いになったらどうする？

注意したいこと

- ☐ 他人の情報や、写真、動画などを許可なく送らない
- ☐ 知らない人とはつながらない
- ☐ 困ったことはすぐに相談する！

ワーク3　わかったこと・気づいたこと

親友同士なのにうまく気持ちが伝わらなくてケンカになったことも。会って話せばよかったな。

年	月	日

ステップ3　写真や動画の投稿で注意すること

ポイント

ＳＮＳは簡単だけど危険！

SNSは好きなことや趣味について、文や写真、動画を自由に投稿して世界中の人とつながることが可能です。投稿内容や知らない人のメッセージには十分注意し、安全に使いましょう。

ワーク1　あおいさんの例について考えよう。

> 今日の髪型がかわいいので写真を投稿したら……

知らない人からメッセージがたくさん……

👄 ❤️ ✉️

今日も元気にいってきま～す♡

①
> あ、その制服、うちの近所の学校だ！

▶学校を知られた（ﾟДﾟ）

②
> きみの家、ぼくの家の近くなんだね。

▶自宅の場所を知られた（ﾟДﾟ）

③
> ぼくも同じ高校のOBです。日曜日、食事しませんか？

▶誘われた！？（ﾟДﾟ）

④
> 芸能界を目指しませんか？動画も送ってください。

▶芸能界に誘われた！？（ﾟДﾟ）

⑤
> その髪型、ヘンだよ。

▶悪口を書かれた！？

★先生や友だちと①～⑤の理由や対処法について話し合ってみよう。

★その他の危険なメール
- ☐ お金がたくさんもらえる仕事がありますよ
- ☐ わたしとおつき合いしてくれませんか？
- ☐ アイドルになりませんか？
- ☐ 他には……？

> ウソや悪口のメールがたくさん来てびっくり。すぐに家の人に相談してアカウントを削除、位置情報もオフにして気をつけています。

ワーク2

これまでにＳＮＳのやりとりで、気になったこと、いやだなと思ったことを、先生や友だちと話し合って、「どうすればよかったか」を考えてみよう。

自信がついた?

コミュニケーショントレーニング

コミュニケーションについてたくさん学んできましたね。
「聞く」「話す」「会話をする」それぞれのコツがありましたね。
あとは実践あるのみです。「うまく伝える」より
「自分らしく伝える」ことのほうが大事です。自分も相手も大切にして、
あなたらしいコミュニケーションを楽しんでください。

☑ 「いま」をチェック!

- ☐ 話すことが好きだ
- ☐ 人と話すことが楽しい
- ☐ 自分の気持ちを大切にしている
- ☐ 相手の気持ちを大切にしている

なるほど!
思い切って
話してみようか……。

▼

**ステップの
流れ**

ステップ1	1対1で話す
ステップ2	グループで話す
ステップ3	「コミュニケーションシート」を作る

先生・保護者の方へ ┃ **指導・支援のポイント**

　コミュニケーションは多様であり、すべてのパターンを事前に練習することはできません。これまで学んだことを思い出しながら、実践練習を通して自信をつけられるよう支援してください。ふだんの生活のなかでも会話を多くして、コミュニケーションをとる機会を増やしてあげましょう。また得意・苦手を「コミュニケーションシート」にまとめることで、本人も周囲も支援のポイントを共有し、日常のやりとりに生かすことができます。

声かけの例

〇
生徒「先生、ぼくは話すことが苦手なので、発表の順番を最後のほうに
　　　してほしいです」
先生「順番が最後のほうが話しやすいんだね。教えてくれてありがとう。
　　　発表がんばって!」(^^)
生徒「はい、がんばります」!(^^)!

年　　　月　　　日

1対1で話す

ポイント

コミュニケーションは楽しい！

友だちや先生と1対1で、たくさん会話をしてみましょう。話せば話すほど相手のことがよくわかり、心の距離も近くなっていきます。緊張しすぎず、会話を楽しみましょう。

あなた

よろしくお願いします

こちらこそ

友だち・先生の名前

ワーク1　お互いに自己紹介をしてから、5つ以上質問をし合おう。　　目安タイム：5分

●ふり返り／どんな質問をした？

────────────────────────────

●よかった点／

ワーク2　お互いのよいところを、5つ以上言い合おう。　　目安タイム：5分

●ふり返り／どんなことを言われた？

────────────────────────────

●よかった点／

ワーク3　共通の話題で、5分以上話そう。　　目安タイム：5分以上

※選んだ話題を○で囲もう。

| 趣味 ・ 勉強 ・ 部活動 ・ 塾 ・ 学校生活の思い出 ・ 食べ物 ・ テレビ番組 ・ 芸能人 ・ うれしかったこと ・ 将来の夢 ・ ペットのこと　　その他： |

●ふり返り／

────────────────────────────

●よかった点／

ワーク4　友だちカウンセリング　　目安タイム：（役割を代えて）各10分

A：**相談する人** ………… 最近の悩みごとや困っていることを相談する
B：**相談を受ける人** …… 相手の気持ちに寄り添って聞く・自分の経験からアドバイスをする

A：相談する人	B：相談される人
●ふり返り／どんな相談をした？	●ふり返り／どんなアドバイスを受けた？

年　　月　　日

ステップ 2 　グループで話す

ポイント

コミュニケーションは雰囲気が大切！

みんなが発言し、活発に意見が出てくる話し合いをするには、「お互いを受け入れる雰囲気を作る」ことが大事です。自分と違う意見を批判するのではなく、ていねいに聞いていこう。

3〜5人の
グループで話そう　　メンバー ＿＿＿＿＿＿＿＿＿＿＿＿＿＿＿＿

ワーク1 　全員が一人ずつ自己紹介する（→次の人をランダムに指名）。　　目安タイム：一人1分

●ふり返り・よかった点／

　　　　　　　　　　　　　　　　　　　　　　　　　　　　　　　　　　　　

ワーク2 　全員が順番に右隣にいる人を紹介する（他己紹介）。　　目安タイム：一人1分

右隣の人はげんきさんです。
いつも元気いっぱい、
まわりを明るくしてくれます。
部活動は……。

●ふり返り・よかった点／

　　　　　　　　　　　　　　　　　　　　　　　　　　

ワーク3 　一人ずつ順番に全員に質問し、多いほうに○をつけよう。　　目安タイム：1つ1分

「みんなに質問します。どちらかに手を挙げてください」
□ 犬が好きな人・猫が好きな人　□ ごはん党の人・パン党の人　□ 積極的な人・消極的な人
□ 朝、自分で起きている人・朝、起こしてもらっている人　□ その他／

●ふり返り・よかった点／

　　　　　　　　　　　　　　　　　　　　　　　　　　　　　　　　　　　　

ワーク4 　全員が参加して1つの話題で話し合おう。　　目安タイム：各10分

□ このメンバーで休日に遊びに行くとしたらどこに行くか、行きたい場所を1つ以上決める。
□ もし無人島で1週間暮らすことになったらもっていくものを10選ぶ。
□ 「風邪をひかないためにはどうしたらよいか」について時間内になるべくたくさんのアイデアを出す。
□ その他：

●ふり返り・よかった点／

年	月	日

<table>
<tr><td>ステップ
3</td><td># 「コミュニケーションシート」を作る</td></tr>
</table>

ポイント

もっと自分のことを伝えよう

まわりの人に自分のことを知ってもらうと、まわりの人もあなたと話しやすくなりますよ。コミュニケーションシートを活用し、「自分はこんな人」だと伝えていきましょう。

ワーク　コミュニケーションシートを作ろう。

名前
....

呼んでほしい呼び方
....

「くふうが必要です」に○をした場合は、当てはまる項目は □ に✓を入れよう

聞くこと

→ よくできます ・ くふうが必要です

□ 静かなところで話してください
□ ゆっくり話してください
□ 大きな声は苦手です
□ 大事なことはくり返してください
□ メモやレジメがあるとよいです
□ その他／

話すこと

→ よくできます ・ くふうが必要です

□ 大きな声を出すことが苦手です
□ 小さな声で話すことが苦手です
□ 人前での発表は緊張します
□ 急に質問されると焦ります
□ 言葉が出てこないときは
　　→ （　　）少し待ってください
　　　（　　）言い方を教えてください
□ その他／

会話をすること

→ よくできます ・ くふうが必要です

□ 初めての人と話すのは緊張します
□ 先に話しかけてください
□ 質問は具体的にお願いします
□ 何について話しているか、わからないときには教えてください
□ 話すタイミングを教えてください
□ その他／

好きなこと・得意な話題

こんなことはたくさん話せます！

□
□
□
□
□

先生や友だちからのアドバイス

伊庭葉子（いば・ようこ）[監修]

株式会社 Grow-S 代表取締役 (特別支援教育士)
1990年より発達障害をもつ子どもたちの学習塾「さくらんぼ教室」を展開。一人ひとりに合わせた個別の学習指導、SST（ソーシャル・スキル・トレーニング）指導、進路選択や自立の準備、保護者サポートを通して長期的な支援を目指す。教材の出版、公的機関との連携事業、学校支援、講演や教員研修なども行う。
著書／『特別支援の国語教材』『特別支援のＳＳＴ教材』(Gakken)、『さくらんぼワークはじめての読解・作文』『同／はじめての計算・文章題』(明治図書)
監修／『自分のペースで学びたい子のためのサポートドリル』すてっぷ1〜6
『中高生のための SST ワーク　学校生活編』
『中高生のための学習サポートワーク 言葉・読み方編』
『中高生のための学習サポートワーク 書き方・作文編』
（いずれも学事出版）

濱野智恵（はまの・ともえ）[編著]

株式会社 Grow-S 教育事業部長（特別支援教育士・公認心理師）
さくらんぼ教室教室長として多くの生徒の指導・支援にあたる。2016年より東京都教育委員会の委託事業「コミュニケーションアシスト講座」運営責任者として、1,500人以上の都立高校生を指導。一人ひとりの個性に合わせた実践を、学校における支援へとつなげる。特別支援学校の外部専門員、都立高校における通級指導、出張授業、教員研修なども行う。

【さくらんぼ教室】

勉強が苦手な子ども、発達障害をもつ子どものための学習塾。1990年の開設以来、「自分らしく生きるために、学ぼう。」をスローガンに、一人ひとりに合わせた学習指導、SST 指導を実践。 千葉県・東京都・神奈川県の14教室で2歳〜社会人まで3,200人が学習中（2024年9月現在）。教材の出版、学校での出張授業や研修、発達障害理解・啓発イベントなども行う。
さくらんぼ教室ＨＰ https://www.sakuranbo-class.com/

●同時刊行
学校生活をもっと楽しく！
『中高生のための SST ワーク　学校生活編』

学校生活をもっと楽しく！
中高生のための SST ワーク　コミュニケーション編

2022年10月10日　初版第1刷発行
2024年12月10日　初版第6刷発行

監　修	伊庭葉子	企画	三上直樹
編　著	濱野智恵	編集協力	狩生有希（株式会社桂樹社グループ）
発行者	安部英行	イラスト	かみじょーひろ／寺平京子
発行所	学事出版株式会社	デザイン・装丁	中田聡美
	〒101-0051　東京都千代田区神田神保町1-2-5	印刷・製本	瞬報社写真印刷株式会社
	電話　03-3518-9655		
	HP アドレス　https://www.gakuji.co.jp		

©Iba Yoko el.al.2022, Printed in Japan
ISBN978-4-7619-2875-9　C3037

※本書のワークは繰り返しコピーして使えます